Veronika Mertens

**Nicht nur die Wissenschaft . . .**

Ein Kunstführer durch die Universität Freiburg

W0347612

**Anhang**

# Geleitworte

I.

Entstanden ist der vorliegende Band aus dem Anliegen, die vorhandenen Kunstwerke der Universität zu erfassen. Die sachkundige, kenntnisreiche Kommentierung von Frau Dr. Veronika Mertens hat aber ein Buch geschaffen, das weit über das ursprüngliche Bedürfnis hinausgeht: Angehörigen der Universität, ihren Gästen und Besuchern und allen anderen Interessierten wird nicht nur ein Überblick über die Kunstwerke vermittelt, die der Universität im Laufe ihrer langjährigen Geschichte zugewachsen sind. Es wird aufmerksam gemacht auf Vorhandenes, was im Alltag möglicherweise nicht bewußt wahrgenommen wird; es werden zugleich Bezüge zu Geschichte und Entwicklung der Universität herstellt, über die Hintergründe des Entstehens aufgeklärt, Besonderheiten der einzelnen Kunstwerke und ihrer Geschichte erhellt und über die Vita der Künstler Auskunft gegeben. Durch Bild und Text wird die Wandlung des Kunstverständnisses und der Stilauffassungen im Zuge der Zeit verdeutlicht.
Die Gliederung nach Universitätsbereichen ermöglicht einen konzentrierten Rundgang. Von der Reichhaltigkeit und Vielfältigkeit des Vorhandenen mag sich jeder persönlich überzeugen.
Der jetzige Bestand ist vornehmlich privaten Stiftern, aber auch – vor allem die Erwerbungen der Moderne – dem Land Baden-Württemberg zu verdanken, das sich über seine Kunstkommission bei der Oberfinanzdirektion Freiburg unter der Leitung des jeweiligen Abteilungsleiters für Bau und Liegenschaften in den letzten Jahrzehnten für den Erwerb von Kunstwerken für die Universität maßgeblich eingesetzt hat.
Daß die Kunstwerke durch diesen Band jedermann zugänglich werden, wurde durch die außerordentliche Unterstützung des Verbandes der Freunde der Albert-Ludwigs-Universität e. V. und mit Mitteln des Stiftungsvermögens der Albert-Ludwigs-Universität möglich. Die Universität ist allen, die sich am Zustandekommen dieses Buches beteiligt haben, auch dem Rombach Verlag und Frau Dr. Spaude, zu Dank verpflichtet.

Prof. Dr. Dr. h. c. Manfred Löwisch
Rektor der Albert-Ludwigs-Universität Freiburg

* * *

II.

»Das Bedürfnis nach Schönheit gehört untrennbar zum Menschen, und ohne Schönheit wollte der Mensch vielleicht gar nicht leben.« Diesem Gedanken Dostojewskijs (1821–1881) entspricht, daß Schönheit und Kunst im Geist des Menschen seit jeher untrennbar miteinander verknüpft sind. Der vorliegende Kunstführer soll dem Interessierten ein Leitfaden und Begleiter für eine kulturelle Entdeckungsreise durch die Freiburger Universität mit ihren zahlreichen Kunstschätzen sein. Kunst ist ein Mittel, um Lebensgefühl und Zeitgefühl auszudrücken. Jede Epoche ist letztendlich durch ihre Kunst geprägt, setzt ihre eigenen Akzente. Indem wir uns mit Kunst befassen, setzen wir uns mit der Zeitgeschichte auseinander und letztlich mit uns selbst.
Die Beschäftigung mit Kunstwerken benötigt Phantasie, Kreativität und die Gabe, Dinge aus einem anderen Blickwinkel, aus einer neuen Perspektive heraus zu betrachten und Ungewohntes zu tolerieren. Es wäre schön, wenn dieser Kunstführer dazu beitragen könnte, dem Betrachter die reichhaltigen Kunstschätze der Freiburger Universität zu erschließen und in ihrer Aussage nahezubringen.

Dr. Volker Maushardt
Präsident des Verbandes der Freunde der Universität
Freiburg im Breisgau e. V.

# Vorwort

Ein Kunstführer durch die Universität? Manche werden fragen, ob denn die Universität so viel Bedeutendes besitzt, das ein solches Unternehmen rechtfertigt. Wer mit offenen Augen über das Universitätsgelände geht, wird jedoch erstaunt sein, was dort alles öffentlich zugänglich zu sehen ist.
Hiermit ist zugleich ein wichtiges Auswahlkriterium für den vorliegenden Kunstführer genannt: Er will informieren über die Kunstwerke, die gewissermaßen am Wege liegen. Zunächst sind dies Werke, die zur Ausstattung der Universitätsgebäude angeschafft wurden, sei es in programmatischer, sei es in verschönernder Absicht. Die zeitliche Spanne reicht vom 15. Jahrhundert bis in die Gegenwart. An vieles hat man sich gewöhnt und nimmt es kaum noch wahr, manches erregt Anstoß, anderes ruft Unverständnis hervor, und oft sind die Künstler, sind Titel oder Datierungen der Werke allgemein unbekannt. All denen, die sich hierfür interessieren, möchte dieser Kunstführer Informationen liefern, geordnet nach dem Aufbewahrungsort der Werke. Die Texte wollen historische Hintergründe oder künstlerische Absicht anschaulich und verständlich machen. Sie sollen nicht als erschöpfende Werkinterpretationen verstanden werden, sondern als Anregung, Neues zu entdecken. Im übrigen sei betont, daß die Länge, das Vorhandensein oder Fehlen eines solchen Einführungstextes nichts über die Qualität eines Kunstwerks besagen.
Wer sich über ein Werk oder einen Künstler weiter informieren möchte, findet im Anhang ein alphabetisches Künstlerverzeichnis mit einigen biographischen Daten; Künstlern, die in besonderer Beziehung zur Freiburger Universität standen, wurde dort mehr Raum gegeben. Hier finden sich auch weiterführende Literaturhinweise zu Werk oder Künstler. Zugleich erfüllt das Verzeichnis die Funktion eines Registers, über das durch die Katalognummer festzustellen ist, welches Werk eines Künstlers sich wo befindet.
Auf vieles mußte verzichtet werden, so zum Beispiel auf den gesamten Bereich des Universitätsklinikums, denn dort findet sich abermals eine solche Fülle von Kunstwerken, daß ein eigener Kunstführer gerechtfertigt wäre. Auch werden manche die vertrauten Porträts in ihren Instituten vermissen: Porträts von Wissenschaftlern der Freiburger Universität, die in den Dekanaten, Bibliotheken etc. Universitäts- und Fakultätsgeschichte sichtbar machen. Auch hier wäre eine eigene Bearbeitung – etwa in Form eines Porträtkatalogs – nötig, die freilich nicht nach dem Kriterium der öffentlichen Zugänglichkeit erfolgen darf. Zudem befinden sich noch viele nicht öffentlich zugängliche Kunstwerke in Universitätsbesitz. Sie alle wurden 1988–1990 in einem Kunstinventar erfaßt, so daß ein erster (immer

noch zu ergänzender) Überblick möglich ist über das, was – verstreut über den gesamten Universitätsbereich einschließlich des Klinikums – vorhanden ist. Das Kunstinventar ist im Universitätsarchiv einzusehen.

Verstreut über die gesamte Universität – dies ist geradezu kennzeichnend für den Kunstbesitz der Freiburger Universität. Anders als z. B. in Basel, wo die Kunst- und Wunderkammer der Universität den Grundstock der bedeutenden Basler Kunstsammlungen bildet, ist in Freiburg nie eine solche Kunstsammlung angelegt worden. Nur zweimal ist Kunst regelrecht gesammelt worden. Eine Galerie von Porträts der jeweiligen Landesherren legte die Hochschule in der zweiten Hälfte des 18. Jahrhunderts an, eine Sammlung von vor allem politisch-historischem Aussagecharakter. Gewissermaßen als bürgerliches Gegenstück begründete die Universität hundert Jahre später (wohl nach dem Muster der Tübinger Universität) eine heute nicht mehr vorhandene Professorengalerie, um ihre eigene Wissenschafts- und Universitätsgeschichte anschaulich zu dokumentieren. Hierzu mehr in den Abschnitten über diese beiden Gemäldegalerien (s. Kollegiengebäude I). Auch heute betreuen etliche Institute wissenschaftliche Sammlungen, die teilweise auch der Öffentlichkeit zugänglich sind, z. B. die archäologische Sammlung der Universität im Erdgeschoß der Universitätsbibliothek. Eine archäologisch-ethnographische und eine urgeschichtlich-ethnographische Schausammlung wurden um die Mitte des 19. Jahrhunderts begründet; um 1885 mit der ethnographischen Sammlung der Stadt Freiburg fusioniert, sind sie heute Bestandteil des Museums für Völkerkunde. Zu wissenschaftlichen und Lehrzwecken findet sich weiterhin im Seminar für alte Geschichte die Sammlung Wefels, eine Münzsammlung von ca. 12000 antiken Münzen. Das Seminar für Christliche Archäologie und Kunstgeschichte bewahrt eine kleine Sammlung von Grabungsfunden; in der Religiösen Volkskunde wird eine Sammlung von Andachtsbildern bearbeitet; von den Resten des »Mathematisch-physikalischen Kabinetts« sind einige wenige Stücke im Augustinermuseum zu betrachten. Doch all dies ist nicht Gegenstand des vorliegenden Kunstführers.

Die Kunstwerke auf dem Universitätsgelände bestimmen – zusammen mit den Gebäuden – das äußere Erscheinungsbild der Universität. Da es sich in vielen Fällen um Gebäude handelt, die wiederum von historischer Bedeutung sind, wurden einzelnen Abschnitten des nach Gebäuden gegliederten Führers zusätzlich einige Hinweise zur Entstehungsgeschichte vorangestellt. Dieses Buch will jedoch auch kein Architekturführer sein. Es behandelt die Architektur – mit Schwerpunkt auf dem Universitätszentrum – vor allem als Folie der hier angebrachten Kunstwerke.

Schließlich möchte ich meinen Dank aussprechen: der Universität Freiburg, vor allem der Universitätsbibliothek mit ihrem früheren Direktor, Herrn

Prof. Dr. Wolfgang Kehr, der das Projekt mit initiiert, die Finanzierung ermöglicht und dem Projekt in jeder Hinsicht eine Heimstatt gegeben hat. Dank auch Herrn Oberregierungsbaudirektor a. D. Walter Müller (†) für die vielen informativen Gespräche. Dem Universitätsbauamt mit seinem früheren und seinem jetzigen Leiter, den Herren Ortwin Müller und Eckhard Bull, danke ich für die Erlaubnis, Archiv und Fotosammlung zu benutzen, und für die Hilfe der Herren Lothar Kiechle und Manfred Rothe. Last not least gilt mein Dank den vielen, die durch Kooperation, Hinweise, Beiträge, Diskussionen, kritisches Lesen, Aufmunterung und Hilfsbereitschaft die Fertigstellung dieses Kunstführers unterstützt haben: Niels P. Carstensen, Dr. Martin Dennert, Wilhelm Gut, Gerda Hartwig, Bettina Herrmann, Dr. Gerhard Kabierske, Peter Kalchthaler M. A., Dr. Angela Karasch, Michael Keller, Beatrix Klaiber, Prof. Dr. Johannes Langner, Dr. Elsa Lüder, Susanne Meier-Faust M. A., Dr. Dr. Anselm Model, Dr. Albert Raffelt, Prof. Dr. Christoph Rüchardt, Prof. Dr. Klaus Sander, Prof. Dr. Wilhelm Schlink, Thomas Schwarz, Dr. Dieter Speck, Prof. Dr. Klaus Starke, Prof. Dr. Volker Michael Strocka, Dr. Friedrich Toepel, Dr. Hans-Josef Wollasch, Martha Zimmermann, Dr. Andreas Zschoch und vielen anderen.
Außer der Universität sei dem Verband der Freunde der Universität Freiburg im Breisgau e.V. gedankt für sein Engagement bei der Drucklegung des Führers, dessen Ziele sich in vielem mit der Zielsetzung des Verbandes berühren: »Tor zur Öffentlichkeit« zu sein und eine lebendige Verbindung zu schaffen zwischen der Universitat und ihren Gästen, früheren Studierenden und nicht zuletzt zur Freiburger Bürgerschaft. Möge die Kunst eine tragfähige Brücke sein!

Veronika Mertens

## Universitätskirche und Alte Universität

Von 1683 an entstand zwischen Rathausgasse und Bertoldstraße ein großangelegter Gebäudekomplex, der das erste eigens für den Universitätsunterricht erbaute Kollegium enthalten sollte. Allerdings war bei dem nun entstehenden Neubau nicht die Universität, sondern die »Societas Jesu« Bauherrin. Zum Teil gegen den Widerstand der Universität und der Stadt hatte Erzherzog Leopold V. 1620 die Niederlassung der Jesuiten durchgesetzt, um Freiburg im Zeichen der Gegenreformation ein stärkeres Gewicht gegenüber den umliegenden nicht-katholischen Universitätsstädten Basel, Straßburg, Heidelberg und Tübingen zu verleihen. Die Jesuiten übernahmen neben dem größten Teil der Theologischen Fakultät die Betreuung des Gymnasiums und der Artistenfakultät; entsprechend wurden ihnen die beiden Bursen »Zum Pfauen« und »Zum Adler« an der Bertoldstraße zugewiesen, die schon zuvor Sitz der Artistenfakultät gewesen waren. Durch den Dreißigjährigen Krieg waren Neubaupläne verzögert worden. Als Freiburg 1677 durch die Franzosen besetzt wurde, standen die Chancen für das Bauvorhaben indes nicht schlecht, zumal Ludwig XIV. den Jesuiten wohlgesonnen war und sie für seine Politik einzusetzen wußte. In dieser Zeit, als der habsburgtreue Teil der Universität ins Exil nach Konstanz geflüchtet war und ein anderer Teil der Professoren 1684–1698 den Universitätsbetrieb unter französischer Herrschaft weiterführte (»Studium gallicum«), wurde endlich das großangelegte Bauvorhaben vorangetrieben, für das die Jesuiten nach und nach den Grundstückkomplex zwischen Universitätsstraße und Brunnengasse erworben hatten.

## Die ehemalige Kollegienkirche der Jesuiten »Zur Unbefleckten Empfängnis«

1683 begannen die Bauarbeiten für die Jesuitenkirche nach Plänen des Architekten Heinrich Mayer (1636–1692), eines Laienbruders der Societas Jesu. Bereits am 25. März 1689, dem Fest Mariä Verkündigung, konnte die Kirche feierlich in Benutzung genommen werden. Die Arbeiten an den Stuckdekorationen und Altären waren zu diesem Zeitpunkt allerdings noch nicht abgeschlossen. Am 20. Mai 1716 wurde sie durch den Konstanzer Weihbischof Konrad Ferdinand Geist von Wildegg der »Unbefleckten Empfängnis Mariens« geweiht (8. Dezember), ein Patrozinium, das auf die gegenreformatorische Stoßrichtung der Einführung der Jesuiten in die Freiburger Universität verweist.

Literatur:
Joseph Braun SJ: Die Kirchen der deutschen Jesuiten. Ein Beitrag zur Kultur- und Kunstgeschichte des 16., 17. und 18. Jahrhunderts, in: Stimmen aus Maria Laach 26, Ergänzungsband 103/104 (1910), S. 236–243. – Arthur Dischler: Die Baugeschichte der alten Universität zu Freiburg im Breisgau, in: ZFG 44 (1934), S. 1–80. – Theodor Kurrus: Die Jesuiten an der Universität Freiburg i. Br. 1620–1773, 2 Bde, Freiburg i. Br. 1963 (Freiburger Wissenschaftsgeschichte, 21), bes. Bd. I, S. 90ff.

**Unbekannter Künstler**

## 1. Aloysius und Stanislaus, zwei Studentenheilige aus der Societas Jesu

Sandstein, 1728

Standort: Außenfassade zur Bertoldstraße, links und rechts des Portals (ohne Abb.)

In die Fassade, die von einer Kolossalordnung aus vier dorischen Pilastern gegliedert wird, sind links und rechts des Portals Figurennischen eingelassen, die allerdings erst Jahrzehnte nach Fertigstellung der Fassade mit den Statuen der Heiligen Aloysius (links) und Stanislaus Kostka (rechts) gefüllt wurden.

Aloysius (Luigi) von Gonzaga (1568–1591), Page am spanischen Hof Philipps II., kehrte sich als Siebzehnjähriger gänzlich vom Hofleben ab, wurde in Rom Novize in der Societas Jesu und starb 23jährig nach einer Ansteckung bei der Pflege von Pestkranken. Aloysius wird meist als jugendlicher Novize in Soutane und Rochett dargestellt; in der Rechten trug er wahrscheinlich eines seiner üblichen Attribute – Lilie, Geißel, Totenkopf oder Kruzifix –, das jedoch nicht erhalten ist.

Der aus einer polnischen Adelsfamilie stammende Stanislaus Kostka (1550–1568) studierte 1564–1567 in Wien, floh dann nach Dillingen zu Petrus

Canisius, um gegen den Willen seines Vaters in die Societas Jesu aufgenommen zu werden; von der Flucht geschwächt, starb er 1568 in Rom. Er wird meist in der Tracht der italienischen Jesuiten dargestellt, in Talar und Mantel mit stehendem Kragen.
Die beiden Jesuitenheiligen hatten 1728 für den Orden besondere Aktualität: ihre Heiligsprechung lag erst zwei Jahre zurück. Sie wurden an der Fassade gewissermaßen als Wegbegleiter der Studenten aufgestellt. Beide galten als besondere Patrone der studierenden Jugend, deren Erziehung sich der Jesuitenorden verschrieben hatte.

## Das Innere der Universitätskirche

Der charakteristische Eindruck des barocken Kirchenraums, wie ihn die historische Aufnahme vermittelt, ist dem heutigen Betrachter verwehrt. Beim Bombenangriff am 27. November 1944 wurde die Inneneinrichtung der Kirche völlig zerstört: der 17 m hohe Aufbau des Hauptaltars mit einer Darstellung der Aufnahme Mariens in den Himmel von dem Münchner Hofmaler Johannes Degler (1660–1729), das Chorgestühl, die Kanzel sowie sämtliche Altäre der sechs Seitenkapellen, zwei von ihnen ebenfalls Werke

Deglers. Die Seitenaltäre waren Heiligen geweiht, die aus dem Jesuitenorden stammen oder von den Jesuiten besonders propagiert wurden: Franz Xaver SJ, der von den Jesuiten als Patron der Philosophischen Fakultät neben deren alte Patronin, die hl. Katharina von Alexandrien, gestellt wurde, Johannes Franz Régis SJ, St. Barbara und Stanislaus Kostka, dem Gründer der Societas Jesu Ignatius von Loyola SJ, dem hl. Joseph, dessen Kult von den Jesuiten besonders gefördert wurde, und dem Studentenheiligen Aloysius SJ, dessen Bild auch an der Außenfassade angebracht worden war. Lediglich der Stuck konnte bei der Restaurierung (bis 1957) teilweise wieder hergestellt werden.

Literatur:

Anna Kempf: Das Hochaltargemälde in der Jesuitenkirche zu Freiburg i. Br., in: ZFG 43 (1931), S. 103f.

**Unbekannter Künstler**

## 2. Idealansicht von Jesuitenkolleg und Jesuitenkirche

Öl auf Leinwand (Fragment), Anfang 18. Jahrhundert (116,5 × 82 cm)
Standort: erste südliche Seitenkapelle

Neben kriegerischen Attributen – Helm, Kanonenrohr, Kanonenkugeln und Lanzen – treten zwei Knaben heran; der eine trägt auf einem Kissen den österreichischen Erzherzogshut. Die darüber dargestellte Anlage zeigt Ähnlichkeiten mit dem Freiburger Jesuitenkolleg, weist jedoch auch Unterschiede auf, z. B. die Gestaltung der Giebel und Portalbekrönungen, die Verteilung der Portale im vorderen Trakt, die Regelmäßigkeit der Fensterachsen, die Tiefe des Innenhofes und vor allem dessen nördliche Seite, die heute als Arkadengang gestaltet ist. Möglicherweise handelt es sich um eine Idealansicht aus der Zeit vor Fertigstellung des Kollegiengebäudes, dessen Bau erst in den 1720er Jahren in Angriff genommen wurde.

**Unbekannter Künstler**

## 3. Heiliger Petrus

Öl auf Leinwand,
Anfang 18. Jahrhundert (80 × 65 cm)
Standort: erste südliche Seitenkapelle

Das Bild gehört in eine Reihe von zwölf Apostelbildern, die offenbar alter Universitätsbesitz waren: 1758 wurden sie von dem Universitätsmaler Franz Joseph Rösch gereinigt, 1870 hängen sie einer Inventarliste zufolge im Vorzimmer zum »Consistoriumssaal« (Senatssaal) im Hauptgebäude der Universität (heute Alte Universität), 1894 sollten sie abermals restauriert werden; danach waren sie bis zum Bombenangriff 1944 an den Pfeilern rings um das Kirchenschiff aufgehängt (vgl. das historische Foto). Das Bild des hl. Petrus befand sich an dem Seitenpfeiler rechts neben der Tür zur Sakristei. Nachdem beim Bombenangriff 1944 die gesamte Inneneinrichtung der Kirche zerstört war, fand ein Schüler die Reste des stark beschädigten Gemäldes in den Trümmern und barg es. Vierzig Jahre später konnte es die Universität zurückgewinnen und nach gründlicher Restaurierung als Erinnerung an das Verlorene wieder im Kirchenraum aufhängen.

**Otto-Herbert Hajek (*1927)**

## 4. Madonna

Erlenholz, vor 1957 (130 × 260 cm)
Standort: mittlere westliche Seitenkapelle

Hajek greift den barocken Bildtyp der »Immaculata« auf, deren Patrozinium die ehemalige Jesuitenkirche geweiht ist. Ein typisches Beispiel hierfür findet sich an der Außenseite der Alten Universität (vgl. Nr. 8). Doch während an dieser Stelle der Sieg der unbefleckt empfangenen, also ohne Erbsünde geborenen Maria über das Böse im Bild der um den Erdball gewundenen Schlange als gegenreformatorisches Programmbild erscheint, erhält die Darstellung Hajeks trotz des scheinbar übernommenen Bildthemas unversehens einen neuen Akzent. Er stellt Maria mit offenen Armen dar und stellt sie in eine aufgebrochene ›Wand‹, deren Gestaltung an die Außenwand des Hörsaals Physiologie/Pharmakologie (Nr. 121) erinnert: ein Werk mit dem sozialen Anliegen, durch Skulpturen architektonische Wände optisch aufzubrechen, Formen zu schaffen, die sich dem Menschen öffnen und sich auf ihn beziehen. So erscheint Maria hier nicht mehr im Sinne gegenreformatorischer Programmatik, sondern vielmehr als Frau, die sich dem Göttlichen im Menschen geöffnet und so Mauern durchlässig gemacht hat – Mauern, die nunmehr mit dem Motiv des Lebensbaumes verschmelzen.

**Unbekannter Künstler**

## 5. Grabmal des Johannes Kerer (1430–1507)

Sandstein, spätgotisch, 16. Jahrhundert
Standort: Westwand des Chores

Johannes Kerer studierte in Heidelberg und erwarb dort 1456 den Titel eines Magister Artium. Der erste Rektor der 1457 neugegründeten Freiburger Universität, Matthias Hummel, berief Kerer, der ab 1460 an der Artistenfakultät lehrte. 1462 wählte ihn die Fakultät zum Dekan, ab 1466 betreute er die Fakultätsbibliothek. 1471 begann er das Studium der Theologie. Als die Leitung der Münsterpfarrei vakant wurde, die der Universität von ihrem Gründer Erzherzog Albrecht VI. als Pfründe übergeben worden war, bewarb Kerer sich um das Amt und wurde 1474 nach

anfänglichem Widerstand aus dem Kollegenkreis und der Stadt zum Münsterpfarrer ernannt. 1481 wurde Kerer zum Doctor iuris utriusque promoviert und für das Wintersemester 1481/82 zum Rektor gewählt. 1490 wurde er vom Kanzler der Universität, dem Bischof von Basel, zum Vizekanzler ernannt. Kerer war mit zahlreichen Gelehrten seiner Zeit freundschaftlich verbunden, darunter Ulrich Zasius, Jacob Wimpheling, Konrad Stürzel und Johann Geiler von Kaysersberg. 1493 wurde Kerer auf das Amt des Weihbischofs von Augsburg berufen. Seine Verbundenheit zur Freiburger Universität dokumentierte er in einer Stiftung, die bedürftigen Studenten das Studium ermöglichen sollte, und begründete so 1496 das Collegium Sapientiae, dessen Statuten er selbst verfaßte.

Das Grabmal des Augsburger Weihbischofs Johannes Kerer befand sich ursprünglich in der Hauskapelle des Collegium Sapientiae an der Herrenstraße zwischen Nußmann- und Engelstraße, von dem heute nur noch ein spätgotischer Torbogen zeugt. Das Collegium, dessen mit Miniaturen illustrierte Hausordnung erhalten ist, diente Studenten als Wohn- und Arbeitsstätte. 1775 wurde die alte »Sapienz« versteigert. Nach der Auflösung des Jesuitenordens nutzte man die Gelegenheit und erwarb im Tausch den Patresbau hinter der Jesuitenkirche, so daß das Collegium in ein universitätsnäheres Gebäude umziehen konnte. In dieser Zeit gelangte auch das Grabmal Kerers in den Chor der heutigen Universitätskirche. Die nicht mehr vollständig erhaltene Inschrift ist durch einen Kupferstich des Universitätskupferstechers Peter Mayer (s. d.) überliefert.

**Willy Dold und Firma Fischer + Krämer**

## 6. Orgel, 1958/1986

Die Orgel wurde 1958 von dem Freiburger Orgelbauer Willy Dold errichtet. Ab 1974 wurde sie von der Firma Fischer + Krämer, Endingen, grundlegend umgebaut. Die Teilwerke wurden in eigenen, neugestalteten Gehäusen aufgestellt, die Mechanik (Traktur, Ladensystem) vollständig ersetzt, die Register neu intoniert und zwei Prospektregister neu eingebaut. Zum Patroziniumsfest 1986 konnte die Orgel neu erklingen. An den verkaufsoffenen Samstagen im Advent um 17 Uhr und am jeweils ersten Samstag der übrigen Monate um 12 Uhr finden regelmäßig kleine Orgelkonzerte statt. Die Orgel hat eine mechanische Spiel- und Registertraktur mit zwei freien Kombinationen, Crescendo-Walze und Schweller.

Disposition:

Rückpositiv (I): Gedackt 8', Praestant 4', Spitzflöte 4', Nasat $2\frac{2}{3}$', Prinzipal 2', Terzflöte $1\frac{3}{5}$', Oktävlein 1', Zimbel $\frac{1}{2}$' 3f., Krummhornregal 8', Tremulant;

Hauptwerk (II): Quintadena 16', Prinzipal 8', Rohrflöte 8', Oktave 4', Klein Gedackt 4', Kornett $2\frac{2}{3}$' 5–6f., Mixtur $1\frac{1}{3}$' 5–6f., Trompete 8';

Schwellwerk (III): Hohlflöte 8', Gemshorn 8', Prinzipal 4', Koppelflöte 4', Oktave 2', Sifflöte $1\frac{1}{3}$', Mixtur 1' 6f., Dulzian 16', Schalmey 8', Tremulant;

Pedal: Prinzipalbaß 16', Untersatz 16', Oktavbaß 8', Hohlflöte 8', Rohrpommer 4', Klarine 4', Hintersatz $2\frac{2}{3}$' 5f., Posaune 16', Trompetbaß 8';

Koppeln: I/II; III/II; I/P; II/P; III/P.

# Alte Universität

## Das ehemalige Jesuitenkolleg

Das an die Jesuitenkirche anschließende Kollegiengebäude wurde in den 1720er Jahren nach Plänen des Architekten Johann Baptist Heintze errichtet. Als die Jesuiten 1620 nach Freiburg kamen, wurden ihnen zunächst die Pfauen- und die Adlerburse an der Bertoldstraße zur Nutznießung überlassen. Hier war der Sitz der sogenannten Artistenfakultät, deren Betreuung den Jesuiten von Anfang an übertragen wurde. Erst hundert Jahre später, nachdem die Jesuiten die Gebäude und die umliegenden Grundstücke erworben hatten, entstand der Komplex in seiner heutigen Form. Die Außenmauern der alten Bursen wurden für den Neubau zum Teil wiederverwendet. Dies erklärt auch die unregelmäßigen Fensterachsen und die leicht verkantete Front der Fassade.

Das Gebäude beherbergte Wohn- und Lehrräume der Studienanfänger, die zunächst das Studium der »Artes liberales«, der sieben freien Künste Grammatik, Rhetorik, Dialektik (Trivium) sowie Arithmetik, Geometrie, Musik und Astronomie (Quadrivium) zu absolvieren hatten. Erst nach diesem Propädeutikum konnte der damalige Student das Studium der Theologie, der Jurisprudenz oder der Medizin beginnen. Die aus dem frühen 18. Jahrhundert erhaltene Bauplastik zeugt von dem Ziel der Jesuiten, Freiburg als katholische Universität im Zeichen der Gegenreformation zu prägen.

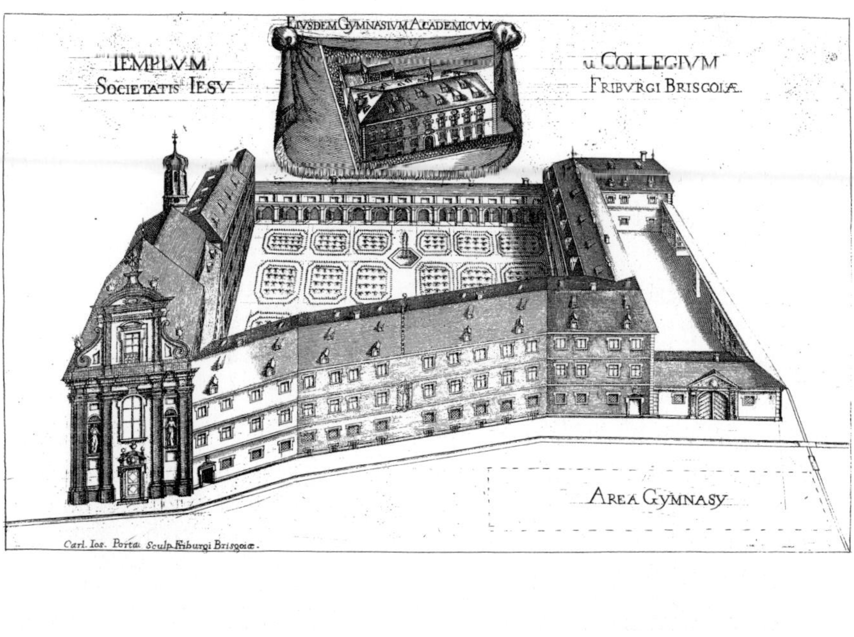

**Unbekannter Künstler**

## 7. Portal mit Inschrift und Büste des hl. Ignatius von Loyola

Sandstein, 18. Jahrhundert
Standort: Bertoldstraße (ohne Abb.)

Über dem linken Portal unmittelbar neben der Kirche ist die Gründungsinschrift »ANNO DOMINI MDCXX FUNDATUM« angebracht. Sie verweist auf den Beginn des Wirkens der Jesuiten in Freiburg, nicht auf den Baubeginn des Kollegiums. Das Portal wird bekrönt von einer Büste des Gründers der Societas Jesu, Ignatius von Loyola (1491–1556).

**Sebastian Blödt (?–1745) zugeschrieben**

## 8. Immaculata conceptio

Sandstein, um 1725–30
Standort: Außenfassade zur Bertoldstraße (ohne Abb.)

Dort wo die Brandmauer zwischen den alten Vorgängerbauten ein breites fensterloses Wandstück erforderte, wurde in einer Wandnische, gerahmt von einer Aedicula, eine Immaculata aufgestellt. Die Inschrift »TVO PATROCINIO« verweist darauf, daß – wie die Kirche – auch das Kollegiengebäude unter das Patrozinium der »Immaculata conceptio« gestellt wurde. Die Lehrmeinung, Maria sei ohne Erbsünde empfangen und geboren worden, wurde im Zeichen der Gegenreformation von den Jesuiten besonders propagiert, allerdings erst 1854 zum Dogma erhoben. Die Freiburger Universität bekannte sich seit 1660 alljährlich in einem feierlichen Bekenntnisgottesdienst im Münster zu dieser Lehre. Als Siegerin über Häresie und Sünde schwebt Maria als neue Eva mit ergeben gefalteten Händen über der von einer Schlange umwundenen Weltkugel.

**Unbekannter Künstler**

## 9. Pfeilerbekrönung im östlichen Treppenhaus (vor 1730) (ohne Abb.)

Auch in scheinbar nebensächlichen Architekturdetails wurde das gegenreformatorische Engagement der Jesuiten zum Ausdruck gebracht wie etwa in der Vase, die den großen bandelwerkgeschmückten Pfeiler im Haupttreppenhaus bekrönt, der den Bombenkrieg überstanden hat. Ihr figürlicher

Schmuck zeigt zu beiden Seiten einen aus dem Feuer aufsteigenden Phönix. Dieser Vogel aus der ägyptischen Mythologie, der sich im Feuer verbrennt und nach drei Tagen verjüngt aus der Asche wieder aufsteigt, ist ein altes Sinnbild für Tod und Auferstehung; es wurde seit dem 14. Jahrhundert nicht mehr nur auf Christus, sondern auch als Keuschheitssymbol auf die Jungfräulichkeit Marias bezogen. Überdies wurde der Phönix von den Gegenreformatoren als Zeichen der Glaubenserneuerung eingesetzt.

## Vom Jesuitenkolleg zur »Neuen Universität«

1773 wurde der Jesuitenorden durch Papst Clemens XIV. auf Drängen mehrer aufklärerisch gesinnter Regierungen aufgehoben. Wie viele andere Einrichtungen der Jesuiten wurde 1774 auch das Freiburger Jesuitenkolleg versteigert. Die Universität bemühte sich sehr um das dringend benötigte Gebäude, wurde jedoch von der Stadt Freiburg überboten. Schließlich konnte sich die Universität doch noch mit dem Rat der Stadt Freiburg einigen, so daß die Universität das Gebäude für sich erwerben konnte. Die Lösung der dabei entstandenen finanziellen Probleme kam schließlich aus Wien. Maria Theresia ordnete 1777, nicht zuletzt aufgrund der Fürsprache des Freiburg verbundenen Hofrates Karl Anton von Martini, Verzicht auf weitere Zahlungen an, so daß das ehemalige Jesuitenkollegium im nachhinein nahezu unentgeltlich Eigentum der Universität wurde.

## 10. Inschrift am mittleren Portal (ohne Abb.)

Die Inschrift über dem mittleren Portal erinnert an den ›Schenkungsakt‹ Maria Theresias: »SEDES / ACADEMIAE FRIBURG(ensis) / NOVA / D(ominae) M(ariae) THERESIAE AUG(ustae) / DONUM / AN(no) M.DCC.LXX.IV« (Neuer Sitz der Akademie Freiburg, der (Landes)herrin Kaiserin Maria Theresia Geschenk im Jahr 1774). Sie wurde auf jeden Fall nach 1777 angebracht, datiert die Übergabe jedoch in das Versteigerungsjahr 1774 zurück. Gleichzeitig steht sie in innerer Beziehung zu einer ähnlichen Inschrift, die 1580 unter der Regierung Erzherzog Ferdinands II. am Portal des bisherigen Universitätshauptgebäudes (heute Neues Rathaus) angebracht worden war (»ACADEMIA FRIBVRGENS(is) … MVSEVM …«); das Portal befindet sich heute im Innenhof des »Neuen Rathauses«. Gelegentlich wird mit der Inschrift der Name Franz Anton Xaver Hauser (s.d.) verbunden, der 1793 für die Renovierung sämtlicher Inschriften am Universitätsgebäude bezahlt wurde.

## Von der »Neuen Universität« zur »Alten Universität«

Was 1777 »Neue Universität« (sedes nova) geworden war, wurde erst 1911, als ein neues Universitätsgebäude (heute Kollegiengebäude I) eingeweiht wurde, zur »Alten Universität«. Beim Bombenangriff 1944 wurde das Innere der »Alten Universität« völlig zerstört. Es wurde 1950–1957 unter der Leitung von Baudirektor Horst Linde und Oberbaurat Walter Müller in Stahlbetonbauweise neu errichtet und mit modernen Konstruktions- und Gestaltungsmitteln für den Universitätsbetrieb wieder nutzbar gemacht.

Literatur:
Arthur Dischler: Die Baugeschichte der alten Universität zu Freiburg im Breisgau, in: ZFG 44 (1934), S. 1–80. – P. Kalchthaler: Freiburg und seine Bauten, S. 104ff. – H.-D. Rösiger: Der Wiederaufbau nach 1945, S. 108ff. – Theodor Kurrus: Die Jesuiten an der Universität Freiburg i.Br. 1620–1773, 2 Bde, Freiburg i.Br. 1963 (Freiburger Wissenschaftsgeschichte, 21), Bd. I, S. 90ff. – Universität und Stadt, S. 14f.

## 11. Korinthisches Kapitell mit Gebälk aus Baalbek (Heliopolis), Libanon

Kalkstein, römisch, 2. Jh. n. Chr.
Standort: Großer Innenhof, nördliche Arkaden

Die aus Fragmenten zusammengesetzte Architektur stammt aus den Altarhofhallen des Tempelbezirks von Baalbek, einer syrischen Stadt nordwestlich von Damaskus, die zeitweise wegen des Sonnengottkultes Heliopolis genannt wurde. Otto Puchstein, von 1896 bis 1905 zweiter Lehrstuhlinhaber in Freiburg für Klassische Archäologie, war maßgeblich an der Erforschung von Baalbek beteiligt. Im Jahre 1905 überließ er über 40 Fragmente aus Baalbek, die er als Proben zur Anschauung für die Studenten hatte nach Freiburg bringen lassen, der hiesigen Universität. Weitere kleinere Fragmente befinden sich in der Archäologischen Sammlung der Universität im Erdgeschoß der Universitätsbibliothek (s.d.).

## Toni Stadler (1888–1982)
# 12. Mädchen mit Vogel

Bronze, 1956

Standort: Großer Innenhof

Hauptthema von Toni Stadlers plastischem Werk ist die menschliche Figur, jedoch nicht im Sinne naturalistischer Abbildung und auch nicht als Idealtyp im Sinne der klassizistischen Tradition. Stadlers Figuren sind »ein Stück Skulptur« (Stadler), vor allem künstlerische Wirklichkeit. Die innere Sammlung, die vorsichtig stille, liebevolle Aufmerksamkeit im Blick des Mädchens auf den Vogel auf ihrem Arm findet ihren Ausdruck in der Gesamtheit des plastisch gestalteten Körpers. Er wird gewissermaßen zum Gefäß für das Wesentliche, das diese Figur ausstrahlt. Diese Auffassung von der menschlichen Figur als Gefäß wird noch unterstrichen durch die Haltung der Arme, die das Raumumschließende in horizontalem und vertikalem Bogen umschreiben. In der künstlerischen Haltung ist diese Plastik letztlich abstrahierend, denn es geht Stadler nicht um die Verwirklichung eines aus der Wirklichkeit abgeleiteten Schönheitskanons, sondern – völlig unpathetisch, eher lyrisch – um die anmutige Ausstrahlung der Form. Die Aufnahme zeigt das Werk vor der mutwilligen Zerstörung.

## Julius Bissier (1893–1965), Entwurf
## Richard Bampi (1896–1965), Ausführung
# 13. Wandfries, 1955–56

Keramik, Wandbreite 14 m

Standort: Kleiner Innenhof, Ostwand

1955 wandte sich das Universitätsbauamt an den Keramiker Richard Bampi mit dem Auftrag, ein Kachelmosaik an der 14 m langen Wand im vorderen Innenhof der Alten Universität zu schaffen. Bampi seinerseits bat

den mit ihm befreundeten Maler Julius Bissier um einen Entwurf. Dieser hatte sich bereits in den Jahren zuvor mit Entwürfen zu einer großen Wandmalerei unter den Arkaden des großen Innenhofes auseinandergesetzt, die jedoch nie ausgeführt wurden. Bampi arbeitete sein wandfüllendes Mosaik nach einer relativ kleinen Skizze Bissiers (Aquarell/Papier, 10,5 × 79,6 cm), die sich inzwischen im Museum für Neue Kunst in Freiburg befindet (Abb.).

Das ausgeführte Mosaik entsprach zwar in der Farbigkeit und mit den weißen Fugen zwischen vielen als Einheit konzipierten Formen nicht ganz den Vorstellungen Bissiers. Dennoch stellt es einen wichtigen und typischen Beitrag zur Kunst der fünfziger Jahre dar, sowohl in der abstrakten Formensprache als auch in der gewählten Technik, dem Mosaik.
In einer wellenförmig auf- und absteigenden Bewegung reihen sich auf dem weißen Grund der Wand größtenteils unregelmäßige Formen aneinander: kleine und große, längliche und runde, flächige und umschließende. Der Formenschatz ist einerseits aus Bissiers Beschäftigung mit japanischer Kunst und Kalligraphie entwickelt, anderseits aus den Schriften des Basler Rechtshistorikers und Altertumsforschers Johann Jakob Bachofen (1815–1887), insbesondere aus dessen »Versuch über die Gräbersymbolik der Alten«. Bei

Bachofen finden sich z.B. Zeichen für das Weibliche als raumumschließende Formen für das Bergen von Samenkörnern, Formen, die Innen und Außen, Angriff und Abwehr, Vertikale und Horizontale kontrastieren. Die hieraus abgeleiteten Bildzeichen ermöglichten es Bissier, sich aus dem Symbolismus seines Lehrers Bühler (vgl. das Prometheus-Fresko im KG I, Nr. 50) zu lösen und zu einer abstrakten Formensprache zu finden, die seiner spekulativen Geisteshaltung doch nicht zuwiderlief.
Wie eine geheimnisvolle Schrift reihen sich die Zeichen auf der weißen Wand, deren Leere im Sinne der ostasiatischen Kunst als alles umfassender metaphysischer Hintergrund wirkt. Eine ganze Lebensgeschichte ist hier ›niedergeschrieben‹, in der sich Gegensätzliches und Spannungsvolles über die Kunst zu einem harmonischen Ganzen zusammenfügen. Geistigkeit ist hier aufgehoben in einer Formensprache, die letztlich nicht verbal zu formulieren ist, jedoch hoher literarischer Bildung und philosophisch-religiöser Geisteshaltung entspringt.

**Walter Schelenz (1903–1987)**

## 14. Reliefbüste Erzherzog Albrecht (Plakette)

Eisen, schwarz lackiert, 1955
(90 × 80 × 3,5 cm)
Standort: Ostwand (Außenseite)

Als 1955 an der Stelle des ehemaligen Wirtschaftshofes des Jesuitenkollegs die Gaststätte »Zum Erzherzog Albrecht« erbaut wurde, gab das Universitätsbauamt ein Relief für die Gestaltung der Außenseite in der Universitätsstraße in Auftrag. Es sollte an den Gründer und Namenspatron der Universität, der ehemaligen »Albertina«, erinnern, der auch Namengeber der Gaststätte war. Walter Schelenz griff bei seinem Albert-Porträt nicht auf zeitgenössische Darstellungen des Erzherzogs zurück, sondern knüpfte gewissermaßen an eine universitätsinterne Bildtradition an, die erst im 18. Jahrhundert durch die Darstellungen des Universitätsmalers und -kupferstechers Peter Mayer (Nr. 34) begründet wurde.

# Peterhof

In den Jahren von 1492–1565 kaufte die Benediktinerabtei St. Peter im Schwarzwald einen ganzen Komplex von ursprünglich etwa 19 Häusern in der Stadt Freiburg auf, um dort einen Klosterhof einzurichten, der als Stadtquartier und Verwaltungssitz dienen sollte. Eine Reihe von Wappen zeugt an verschiedenen Stellen des Hauses von dieser früheren Funktion des Gebäudes. Das Allianzwappen der Abtei St. Peter und des Gallus Voegelin, der 1585–97 Abt in St. Peter war, ist das älteste von insgesamt vieren und verweist auf die Erbauungszeit.
Im Jahre 1731 wurde der Peterhof unter Abt Ulrich Bürgi (1719–39) erneuert und von 1766 an unter Abt Philipp Jakob Steyrer wegen Baufälligkeit teilweise abgerissen und durch einen Neubau des Baumeisters Johann Jakob Häring verändert. Die Grundsteinlegung fand am 13.6.1766 statt. Auch die Kapelle wurde 1767 renoviert: man schrieb von einer »neuen« Kapelle, in welcher der Abt am 3.2.1768 erstmals zelebriert habe.
1792 wurde der Peterhof für das französische Militär beschlagnahmt. Nach der Säkularisierung wurde der Peterhof 1806 Großherzoglich Badische Domänenverwaltung, 1846 Lyceum, 1853 Eigentum der Stadt, 1870 Sitz des Bezirkskommandos der Königlich Preußischen Garnisonsverwaltung, 1912 wieder städtisches Eigentum und 1919 von der Stadtverwaltung u.a. für das Weinbauinstitut und als Jugendherberge verwendet.
Bis auf die Kapelle, die Wendeltreppe und den acht Meter tiefen Keller wurde der Peterhof beim Luftangriff am 27.11.1944 stark zerstört. 1957 erwarb die Universität das Gebäude durch Grundstückstausch und baute den Peterhof unter Berücksichtigung denkmalpflegerischer Gesichtspunkte als Institutsgebäude wieder auf. Der Keller dient wie schon vor dem Krieg als Weinkeller und Lager. Nach dem Wiederaufbau wurde die Kapelle 1961 der orthodoxen Gemeinde in Freiburg zugesprochen.

Literatur:
W. Müller/O. Freese: Die bauliche Entwicklung der Freiburger Universität, in: Festschrift KG II, S. 5. – Ingeborg Schroth: Kunst in Freiburg, Freiburg 1961, S. 121ff. – Josef Sauer: Alt Freiburg, Freiburg 1928, S. xxiiff. – Peter Paul Albert: 800 Jahre Freiburg, Freiburg 1920, S. 103. – Karl Schaefer: Das alte Freiburg. Ein geschichtlicher Führer zu den Kunstdenkmälern der Stadt, Freiburg 1895, S. 91ff. – P. Kalchthaler: Freiburg und seine Bauten, S. 94ff.

## 15. Wappen

### a) Abt Gallus Voegelin (1585–97)

(Innenhof, am Wendeltreppenturm, vgl. Abb.)

»Gallus, Abbte zue St. Peter, Prior zue St. Ulrichen, auff und im Schwartzwaldt, Anno 1586«. Allianzwappen des Klosters St. Peter und des Abtes Gallus Voegelin, gerahmt von reichen Renaissanceornamenten, bekrönt von St. Petrus als Patron des Klosters und flankiert von einem palmentragenden Menschenpaar, wahrscheinlich Allegorien des Ruhmes und der Fruchtbarkeit.

### b) Abt Gallus Voegelin (1585–97)

(über dem Kellereingang unter der Kapelle)

### c) Abt Ulrich Bürgi (1719–39)

(über dem rundbogigen Tor zwischen Haupteingang und Kapelle)

### d) Abt Philipp Jakob Steyrer (1749–95)

(über dem Haupteingang, vgl. Abb.)

**Wendel Nufer (2. Hälfte 16. Jahrhundert) zugeschrieben**

## 16. Heiligkreuzkapelle

Die Heiligkreuzkapelle stammt aus der Zeit, in der die bestehenden mittelalterlichen Gebäude unter Abt Gallus Voegelin zum Klosterhof von St. Peter umgebaut wurden. Hierauf verweist auch die Jahreszahl 1587 auf dem Altar. Die üppige Stuckdekoration gilt als eines der reichsten Beispiele manieristischer Dekorationskunst in Freiburg. Die Wandflächen der beiden Fensterseiten werden von den vier Evangelisten eingenommen; an den Seitenwänden stehen zwischen Blendarkaden die zwölf Apostel, jeweils zu dreien zusammengefaßt. Rundum entwickelt sich in der Stuckdekoration aus den klassizistischen Renaissanceformen wucherndes Roll- und Beschlagwerk; begleitet von musizierenden Putten und Faunsmasken, besetzt es jeden freien Winkel. Joseph Schlippe schrieb die Stuckarbeiten dem Bildhauer Wendel Nufer aus Herrenberg zu.

Zu Ende des 19. Jahrhunderts hat die Kapelle als Schreibstube dienen müssen, wobei der Stuck durch 1,80 m hohe Aktenregale stark abgestoßen wurde. Zudem hatten die Schreibstubengehilfen die Heiligenattribute als Garderobenhaken benutzt oder spaßeshalber ihre Mützen danach geworfen, wobei viele herausstehende Details verlorengegangen sind. Dies berichtet der Bildhauer Messerschmid, der 1892 an der Instandsetzung der Kapelle durch den Großherzoglichen Konservator F. X. Kraus mitarbeitete. Ob sich bei den notwendig gewordenen Ergänzungen unversehens einige volkstümliche Maskenmotive aus dem Bereich der schwäbischen Fastnacht unter die manieristischen Maskerons eingeschlichen haben, bliebe noch zu klären. Beim Wiederaufbau wurde die Kapelle von dem Freiburger Bildhauer Wilhelm von Kittlitz 1959 abermals restauriert und ergänzt.

**Franz Gutmann (*1928)**

## 17. Haupttür: Ulrich Zasius und Erasmus von Rotterdam

Holz, geschnitzt, 1960
Standort: Haupteingang

Als Hommage zum 500. Geburtstag eines Professors der ersten Stunde an der Freiburger Universität zeigt die Tür oben Ulrich Zasius (1461–1535) vor einem Dutzend aufmerksamer Schüler. Zasius war von 1506 an Professor für Zivilrecht an der Albertina. Er war mit Erasmus von Rotterdam befreundet, der – wie so oft auf seinen Porträts – als Schreibender mit Feder und Tintenfaß dargestellt ist. Erasmus, 1529–1534 wegen der Reformation im Freiburger Exil, war als Professor der Theologie in Freiburg immatrikuliert, scheint aber nie Lehrveranstal tungen abgehalten zu haben. Mit der Wahl des Humanisten-Freundespaares Ulrich Zasius und Erasmus von Rotterdam wurde (möglicherweise unbewußt) ein Themenvorschlag aufgegriffen, der fünfzig Jahre zuvor für die beiden Portalfiguren vor dem Kollegiengebäude I zur Debatte gestanden hatte. Die beiden stehen hier als Vertreter der Juristischen und der Philosophischen Fakultät, die im Peterhof und im neu erbauten Kollegiengebäude II gegenüber angesiedelt sein sollten.

**Franz Gutmann (*1928)**

## 18. Brunnenstock, 1962

Standort: Innenhof, in der Nähe des Wendeltreppenturms (ohne Abb.)

**Franz Gutmann (*1928)**

## 19. Quellmulde

Pflasterung und Schwarzwälder Granit, 1960

Standort: Platz zwischen Peterhof und Kollegiengebäude II

Als gleichzeitig mit dem Bau des Kollegiengebäudes II 1957–60 der Peterhof in seiner historischen Form wiederaufgebaut und für Universitätszwecke eingerichtet wurde, sollte der kleine platanenbestandene Platz als Verbindungsglied zwischen den beiden so unterschiedlichen Universitätsgebäuden dienen. In der Mitte vertieft sich die Pflasterung des Platzes fast übergangslos zu einer Mulde, aus deren Tiefe Wasser sprudeln soll: wie eine Quelle, mitten im Alltag, an einem rege genutzten Durchgang. Gleichsam schützend darübergeneigt, umstehen elf Granitblöcke diese Quelle und machen aus ihr einen umfriedeten Bereich, der sich jedoch gleichzeitig durch die konzentrischen Ringe der Pflasterung nach außen auszubreiten scheint. Der Brunnen macht allerdings nur Sinn, wenn klares Wasser daraus sprudelt, wie es die kurz nach der Fertigstellung entstandene Abbildung noch zeigt.

## Haus zur Lieben Hand

Wie der Peterhof war auch das Haus zur Lieben Hand ursprünglich ein Klosterhof. Im 15. Jahrhundert diente es als Stadtquartier des Benediktinerklosters St. Trudpert im Obermünstertal und nach mehreren Besitzerwechseln von 1691 bis zur Säkularisation als Sitz des Statthalters von St. Gallen, der von hier aus die Besitztümer des Klosters in Ebringen verwaltete – daher auch die Bezeichnung »Ebringer Hof«. Der bestehende Bau wurde 1767–69 ausgeführt, wahrscheinlich nach Entwürfen des Freiburger Malers und Bildhauers Christian Wentzinger (1710–97), der in dieser Zeit in St. Gallen an der Ausstattung der neuerbauten Klosterkirche mitwirkte. Nach der Säkularisation wechselte das Haus mehrfach den Besitzer und wurde u.a. vom Arbeiterbildungsverein (um 1870–1933; die Abbildung dokumentiert, wie die Fassade damals gestaltet war), als Restaurant

(1938–56) und durch die Musikhochschule (1959–83) genutzt. 1987 wurde das Gebäude Eigentum der Universität. Nach eingehender Sanierung dient das »Haus zur Lieben Hand« nun als repräsentative Begegnungsstätte der Universität.

Literatur:
Franz Laubenberger: Der Ebringer Hof zu Freiburg im Breisgau. Haus »Zur lieben Hand«, Löwenstr. 16, in: Badische Heimat 64 (1984), H. 1, S. 359–366. – Rudolf W. Dreier: Haus zur Lieben Hand. Hg. von der Pressestelle der Universität Freiburg, Freiburg 1990. – P. Kalchthaler: Freiburg und seine Bauten, S. 92ff.

**Fidelis Sporer (1733–1811)**

## 20. Immaculata conceptio

Abguß; Original im Kreuzgang des Augustinermuseums, um 1770
Standort: Fassade

Die Lehre von der »Immaculata conceptio«, der unbefleckten Empfängnis Mariens, wurde auch von den Benediktinern des Klosters St. Gallen propagiert und hier bekenntnishaft am Giebel des Mittelrisaliten angebracht, ähnlich wie die Jesuiten dies an ihrem Jesuitenkolleg (heute »Alte Universität«) getan hatten. Die Statue am Haus zur Lieben Hand, die lange als Werk Wentzingers galt, wird heute als Werk des Fidelis Sporer angesehen, den Wentzinger in St. Gallen für Bildhauerarbeiten herangezogen hatte. Die Figur ist in eine mit Puttenköpfen, Blumengirlanden und Rocaillen verzierte Nische eingestellt.

**Unbekannter Künstler**

## 21. Reliefs mit den Patronen der vier Fakultäten

Gipsabgüsse nach den Originalen in der Freiburger Münsterbauhütte, Sandstein, Anfang 18. Jahrhundert (Höhe ca. 60 cm)

Die vier Fakultäten-Reliefs stammen aus der Zeit, in der die Jesuiten die Universität maßgeblich prägten. Die Motive nehmen Bezug auf die Siegel der Fakultäten und stehen weiterhin in motivischem Zusammenhang mit der Stuckdecke (Anfang 18. Jahrhundert) in der ehemaligen Aula im heutigen »Neuen Rathaus« am Franziskanerplatz, das von 1580 bis 1777 als Hauptgebäude der Universität diente. Die vier Reliefs wurden in der Universitätskapelle des Freiburger Münsters gefunden. Wann sie dorthin kamen und wo sie ursprünglich angebracht waren, ist bisher unbekannt.

### a) Der heilige Paulus als Patron der Theologischen Fakultät

Standort: EG, Flur, kleines Treppenhaus

Das Relief mit dem Patron der Freiburger Theologischen Fakultät hebt sich in Format und Aufbau von den drei anderen ab. Eine Widmungsinschrift (allerdings ohne Namensnennung) legt einen Zusammenhang mit den Epitaphien und Grabmälern Freiburger Professoren in der Universitätskapelle nahe: TER / LAVRIOLATO / FIDELI / DOCTORI ET / THEOLOGO / PATRIAE // SE / FIDELISSIME / DEVOVET / THEOLOGIA / VIAE / FRIBVRGEN/SIS – Dem dreimal ausgezeichneten (»lorbeergekrönten«) Lehrer und Theologen des Vaterlandes, der sich durch die Theologie dem Freiburger Weg überaus getreu gewidmet hat. Möglicherweise besteht ein Zusammenhang mit dem Theologieprofessor und neunzehnmaligen Rektor Jacob Christoph Helbling (1640–1719), der die Freiburger Universität während der französischen Besetzung ins Konstanzer Exil begleitet hatte und der 1719 in der Universitätskapelle bestattet wurde.

## b) Der heilige Ivo Helory als Patron der Juristischen Fakultät

Standort: zur Zeit nicht aufgehängt

Wie auch andere Juristische Fakultäten, etwa in Nantes, Rennes, Wien und Wittenberg, führen die Freiburger Juristen den heiligen Ivo im Fakultätssiegel. Yves Helory (1253–1303), ein aus Tréguier in der Bretagne stammender Rechtsgelehrter, setzte sich als Richter besonders für Arme, Witwen und Waisen ein.

## c) Der heilige Lukas als Patron der Medizinischen Fakultät

Standort: zur Zeit nicht aufgehängt

Der Evangelist Lukas, der von Beruf Arzt war, ist einer der am häufigsten gewählten Patrone Medizinischer Fakultäten. Wie in Heidelberg, Erfurt, Rostock, Mainz, Würzburg, Basel und Tübingen erscheint er auch in Freiburg auf dem Siegel der Medizinischen Fakultät.

## d) Die heilige Katharina und der heilige Franz Xaver SJ als Patrone der Philosophischen Fakultät

Standort: EG, Eingangsflur

Daß die Reliefs aus der Jesuitenzeit stammen, macht die Darstellung der Patrone der Artistenfakultät besonders deutlich. Die Jesuiten hatten bereits 1620 die Lehre an der »facultas artium«, der Vorgängerin der Philosophischen Fakultät, übernommen. Unter dem Christus-Zeichen der Jesuiten (IHS), das in einer Wolkengloriole erscheint, knien die hl. Katharina, die bereits seit der Universitätsgründung als Patronin der Philosophischen Fakultät deren Siegel zierte, und der hl. Franz Xaver SJ (1506–1552). Der Kult dieses Heiligen aus den eigenen Reihen wurde von den Freiburger Jesuiten sehr gefördert; ein Seitenaltar in der Jesuitenkirche war ihm geweiht. Franz Xaver, meist dargestellt mit Pilgerstab und Schultermäntelchen, die Hand aufs Herz gelegt, missionierte in Japan und China. Der weitgereiste Heilige wurde zu einem Patron der Naturwissenschaften, die bis 1910 zum Teil in der Philosophischen Fakultät angesiedelt waren.

**Gustav Schönleber (1851–1917)**

## 22. Blick von Ebersteinburg über die Rheinebene

Kreide auf Leinwand, um 1911
Standort: EG, Sitzungszimmer

Anläßlich der Eröffnung des neuen Kollegiengebäudes im Oktober 1911 wurden insgesamt 33 Ehrenpromotionen vergeben. Die Philosophische Fakultät ehrte u.a. auch den Karlsruher Landschaftsmaler Gustav Schönleber. Als Dank für die Ehrung schenkte Schönleber der Universität dieses Bild, das lange Zeit in den Räumen der Philosophischen Fakultät hing.

**Unbekannter Künstler**

## 23. Bildnis des Physiologen Johannes von Kries (1853–1928)

Öl auf Leinwand (69 × 54,5 cm)
Standort: EG, Flur

Der Physiologe Johannes von Kries, der von 1880 an in Freiburg lehrte, gehört zu den markantesten Persönlichkeiten der Freiburger Medizinischen Fakultät am Ende des 19. Jahrhunderts. Einer seiner Schüler war Viktor von Weizsäcker (1886–1957), der die Eigenart des wissenschaftlichen Denkens seines Lehrers folgendermaßen charakterisierte: »Dies ist nun wirklich die Bedeutung von Kries: Noch einmal gezeigt oder vielmehr gelebt zu haben, worauf es denn eigentlich ankam bei dem Unternehmen neuzeitlicher Naturwissenschaft und erkenntniskritischer Philosophie: auf ein unteilbares Ganzes, das in Teile zerrissen ein Nichts würde und das schon in der Arbeitsteilung oft Spielerei wird, sei es als Tatsachenherbarium, sei es als Selbstbewegung des Denkens.« Juristen kennen Johannes von Kries als Begründer der Adäquanztheorie der Kausalität. Das Porträt des bedeutenden Freiburger Physiologen ist Teil einer Sammlung von Porträts Freiburger Medizinprofessoren im Besitz des Dekanats der Medizinischen Fakultät.

**Ludwig Köhler (*1955)**

## 24. Brunnenstele

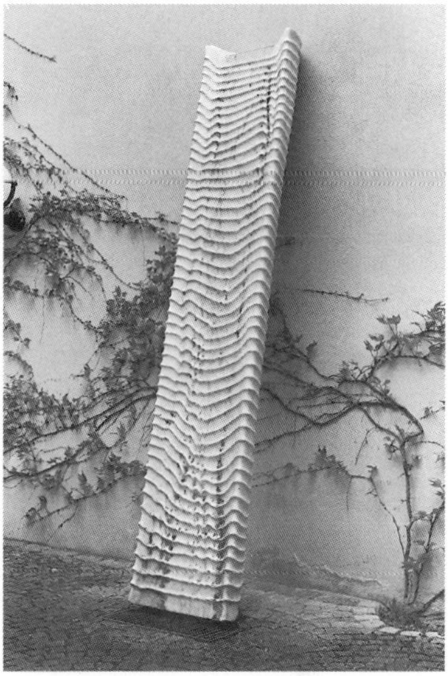

Carrara-Marmor, 1991
(280 × 65 × 25 cm)
Standort: Innenhof

**Hans-Günther van Look (*1939)**

## 25. Großer Lichthorizont IV

Öl auf Leinwand, 1986 (240 × 170 cm)
Standort: 1. OG, Foyer (vgl. Farbabb. im Anhang)

Der Bildtitel »Lichthorizont« beschwört Assoziationen an Landschaftsmalerei: weite Horizonte, an denen sich Himmel und Erde, Licht und Dunkel, Oben und Unten berühren. Doch van Looks Gemälde irritiert. Nicht ein Horizont, sondern viele horizontale Bildstreifen sind hier über- und untereinandergeschichtet, so daß die Deutung eines Streifens immer nur relativ ausfallen kann. Auch über dem Firmament öffnet sich neuer Raum; was unten zu sein schien, schlägt unvermittelt in ein Oben um, und dies in einem Maße, daß auch das für die Landschaftsmalerei übliche Querformat gesprengt wird. – Van Look knüpft letztlich an eine Tradition der Landschaftsmalerei an, die vor allem in der deutschen Romantik, insbesondere im Werk von Caspar

David Friedrich begründet ist. Friedrich wollte weniger Abbilder einer äußeren Welt malen als Blicke in eine geistige Innenwelt erschließen. Diesen Schritt zur Abstraktion, der bei Friedrich fast unmerklich vorhanden ist, vollzieht van Look, indem er an das Gebaren der informellen Malerei anknüpft, die den Vorgang des Malens selbst zum Gegenstand der Malerei machte und sich so von der traditionellen Darstellungsfunktion löste.

**Unbekannter Künstler**

## 26. Bildnis des Chirurgen Johann Matthias Alexander Ecker (1766–1829)

Öl auf Leinwand, um 1800 (79 × 64,5 cm)
Standort: großes Treppenhaus, 1.OG/2.OG

Johann Matthias Alexander Ecker studierte in Prag Philosophie, Naturgeschichte und Medizin. Nach einer Zeit als Militärarzt in österreichischen Diensten wurde er 1797 als Professor für Chirurgie und Geburtshilfe an die Universität Freiburg berufen. Neben seiner praktischen Tätigkeit als Arzt entwickelte er auch organisatorisches Engagement, als es um die Errichtung eines neuen Klinikums im Norden der Stadt ging. Als philosophisch und literarisch gebildeter Arzt verkehrte er außerdem im Freundeskreis um den Dichter und Professor für Ästhetik Johann Georg Jacobi und den Theologen und Orientalisten Leonhard Hug. 1806/07 setzte er sich maßgeblich für den Erhalt der Freiburger Universität ein, deren Bestand im neu formierten Großherzogtum Baden gefährdet war. 1806–08 und später nochmals 1820/21 und 1824/25 wurde er zum Prorektor gewählt (Rector perpetuus war der Landesherr).
Das Gemälde wurde der Universität vom Sohn des Porträtierten, dem Anatom Alexander Ecker, neben anderen Bildnissen als Grundstock für eine Sammlung von Porträts Freiburger Professoren geschenkt.

**HAP Grieshaber (1909–1981)**

**27. Pegasus (»Entwicklungsland Kultur«)**

Plakat zum II. Schriftstellerkongreß des VS, 1973

Holzschnitt (100 × 70 cm)

**HAP Grieshaber**

**28. »Prinz und Prinzessin«**
**29. »Kuba« (Ausschnitt)**
**30. »Kreuzweg, I. Station«**

**Drei Blätter aus »Skizzen zu Figura«**

Holzschnitte (je 53 × 50 cm)
Standort: EG, Speiseraum

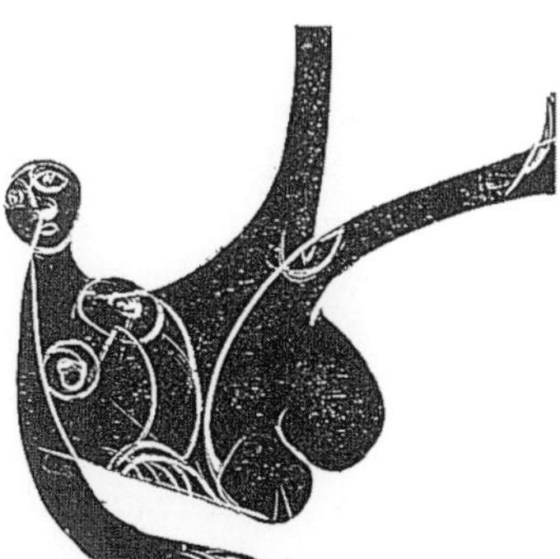

**Rainer Dorwarth (*1924)**

## 31.–32. Ohne Titel

2 Farbholzschnitte, 1968 (je 79 × 54,6 cm), Standort: EG, Speiseraum

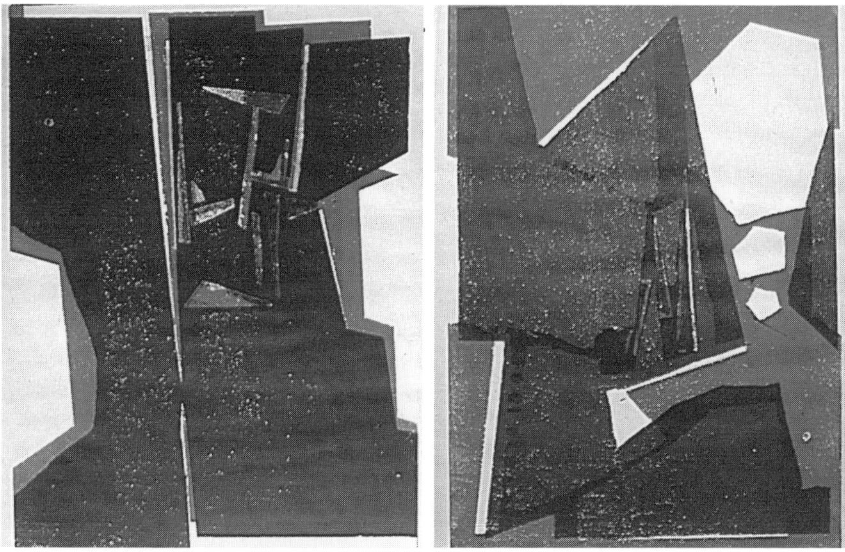

**Benno Elkan (1877–1960)**

## 33. Plakette zum 80. Geburtstag Großherzog Friedrichs I. von Baden

Bronzerelief, 1906 (46 × 31 cm)

Standort: EG, kleines Treppenhaus

Über einem Porträtmedaillon des Großherzogs (1826–1907) stellt das Relief in einem allegorischen Bild das Wirken des Großherzogs für die Freiburger Universität dar. Rechts sitzt die Alma mater, umgeben von vier Kindern, den Fakultäten (die naturwissenschaftlich-mathematische Fakultät wurde als fünfte im Bunde erst 1910 eingerichtet). Sie blickt dankbar auf zu einem ihr entgegentretenden Mann, der einen Jüngling mit einem Architekturmodell zu ihr geleitet. In einer dem Klassizismus verpflichteten Formen- und Sinnbildsprache deutet dieses Bild an, daß Friedrich I. seinem Sohn Friedrich II. die Sorge um die Vollendung des neuen Universitätsgebäudes (heute Kollegiengebäude I) anvertrauen wird, dessen Grundsteinlegung die Universität am 3. Juli desselben Jahres 1906 zusammen mit dem fast Achtzigjährigen feiern konnte. – Das Relief wurde in drei Exemplaren gegossen: eines für den Großherzog, das vorliegende für die Universität; das dritte gelangte nach 1919 aus der Sammlung Beck in den Kunsthandel.

**Peter Mayer (1718–1800)**

## 34. Der Universitätsgründer Erzherzog Albrecht VI. von Österreich

Öl auf Leinwand, 1757 (217 × 90 cm; vgl. auch Abb. auf dem Umschlagbild)

Standort: Kleines Treppenhaus, EG / 1.OG

Zum 300. Gründungsjubiläum im Jahr 1757 gab die Universität zum ersten Mal in ihrer Geschichte bei dem Universitätsmaler Peter Mayer ein Porträt ihres Stifters in Auftrag. Die Rückbesinnung auf den mittelalterlichen Stifter hatte einen aktuellen Hintergrund. Das Selbstbestimmungsrecht der Universität war in den letzten Jahren durch rigide Eingriffe seitens der Regierung Maria Theresias mehrfach in Frage gestellt worden. Durch die Darstellung Albrechts VI. berief sich die Universität auf mittelalterliche Traditionen, in denen sie ihre Privilegien verbürgt sah.

In der Rechten hält Albrecht den *Stiftungsbrief der »Albertina«*, dessen Wortlaut alljährlich öffentlich verlesen wurde, bis dies 1768 von der Regierung untersagt wurde. Mit der Linken weist Albrecht auf eine *Landkarte*. Sie verzeichnet die schwäbischen Ländereien, die Universitätsschaffneien Ehingen und Waldsee, die er der Universität zur wirtschaftlichen Absicherung gestiftet hatte. Das Tischchen, auf dem die Landkarte liegt, wird von einem Löwen getragen: ein doppeldeutiges Motiv, denn einerseits konnte der Löwe als heraldischer Hinweis auf den böhmischen Löwen verstanden werden, der auf vielen Medaillen Maria Theresias zu sehen ist. Anderseits scheint er dem *Universitätswappen* entsprungen zu sein, das er zwischen seinen Pranken hält. Dort liegt der Löwe gewöhnlich als Attribut des heiligen Hieronymus friedlich zu dessen Füßen. Es mag wohlbedacht sein, daß Mayer nicht das Motiv des großen Universitässiegels – den lehrenden Christus im Tempel – wählte, sondern das Siegelmotiv des Rektorats mit dem Kirchenlehrer Hieronymus. Dieses Siegel wurde vor allem in Verwaltungsangelegenheiten benutzt und konnte um so mehr die Rechtshoheit der Universität betonen. Entsprechend dem Siegel der Universität sind zu Füßen des Hieronymus der Bindenschild des Erzhauses Österreich, bekrönt mit dem Erzherzogshut, und das Adlerwappen des Erzherzogtums Österreich angebracht. Das Bild ist voller Spannung: ein Loyalitätsbekenntnis gegenüber der Landesherrin bei gleichzeitigem Pochen auf das in der Stiftungsurkunde Albrechts verbriefte Selbstbestimmungsrecht der Akademie.

Im Hintergrund erscheint schließlich noch das damalige *Hauptgebäude der Universität*, das »Collegium universitatis«, das erst seit 1891 Eigentum der Stadt ist und zum »Neuen Rathaus« umgebaut wurde. 1559 und 1578 erwarb die Universität die Bürgerhäuser »Zum Phönix« und »Zum Rechen«. Durch eine mit Zinnen bekrönte Verbindungsmauer wurden die Gebäude 1580 zu einem einheitlichen Komplex zusammengeschlossen, in den man durch ein repräsentatives Renaissanceportal gelangte. Das Portal wurde beim Umbau 1895–1901 in den Innenhof des »Neuen Rathauses« versetzt. »ACADEMIA FRIBVRGENS(is) / PVB PRIMAR MVSEVM SENATORIVM ACROAMA / ABSOLVTVM ANNO MDLXXX« – diese Inschrift stellt das Gebäude gut humanistisch in die Tradition der Akademie Platons und weist es als Lehrstätte (»Museum«) der Freiburger Akademie aus, freilich nicht ohne Reverenz vor der Stadt Freiburg und dem Land Österreich. Deren Wappen werden von zwei auf dem Giebel lagernden Genien gehalten. Ein Bildnismedaillon vergegenwärtigt den damaligen österreichischen Erzherzog Ferdinand II. Fast 200 Jahre war hier das geistige Zentrum der Universität, bis Maria Theresia 1777 der Hochschule das Jesuitenkolleg als neuen Sitz der Akademie stiftete (s. Alte Universität).

**Joseph Marcus Hermann (1732–1811)**

## 35.–36. Erzherzog Albrecht VI. und seine Gemahlin Mechthild

Öl auf Leinwand, 1779 (je ca. 234 × 147 cm; vgl. auch Abb. im Farbteil des Anhangs)

Rahmen von Franz Anton Xaver Hauser (1739–1819), 1779

Standort: 1. OG, Saal

Nur 22 Jahre nach Entstehung von Peter Mayers Stifterbild ließ die Universität von ihrem Universitätsmaler Joseph Marcus Hermann abermals ein Porträt ihres Gründers anfertigen, diesmal zusammen mit einem Pendant, das Mechthild, die Gattin Albrechts, darstellt. Die Berufung auf den mittelalterlichen Stifter war in den vergangenen Jahrzehnten ein Politikum gewesen. Inzwischen schien sich das Verhältnis zwischen der Regierung in Wien und der auf ihre Selbstbestimmung bedachten Universität entspannt zu haben, nachdem sich Maria Theresia als Stifterin eines neuen Kollegiengebäudes in die Tradition der Stifter eingereiht hatte und die Universität dies 1777 durch die Anbringung lebensgroßer Porträts der Kaiserin und ihres Sohnes Joseph II. anerkannt hatte (Nr. 54–55). Möglicherweise wollte man aber doch die mittelalterliche Stiftertradition gleichgewichtig dagegensetzen. Rein optisch konnte das relativ kleine Stifterbild Peter Mayers (Nr. 34) dies nicht leisten. Der in den Akten angegebene Grund mag vorgeschützt sein: eine Wand im Konsistoriumssaal, an der

man jüngst eine Uhr aufgestellt habe, sei zu kahl und solle mit zwei lebensgroßen Stifterporträts geschmückt werden.

Mechthild (1419–1482), eine Tochter des Pfalzgrafen Ludwig III., der in Heidelberg die Bibliotheca Palatina begründet hatte, war in erster Ehe mit Ludwig I. von Württemberg verheiratet. Aus dieser Ehe ging Eberhard III. Graf von Württemberg hervor, der später (1477) mit Unterstützung seiner Mutter die Tübinger Universität gründete. Nach Ludwigs Tod heiratete Mechthild Albrecht VI., auf dessen Pläne zur Gründung einer vorderösterreichischen Universität in Freiburg sie sehr wahrscheinlich positiven Einfluß hatte. Die Schenkungsurkunde, auf die Mechthild mit der Rechten zeigt, weist sie als Gönnerin der Universität aus.

**Gustav Dittenberger (1794–1879)**

## 37. Bildnis des Großherzogs Ludwig von Baden (1763–1830)

Öl auf Leinwand 1830 (236 × 173 cm; vgl. auch Abb. im Farbteil des Anhangs)

Standort: 1. OG, Durchgang zwischen Foyer und Saal

Zu Beginn der Zugehörigkeit Freiburgs zum Großherzogtum Baden schien der Bestand der Freiburger Universität mehrmals gefährdet, da zwei Universitäten (Heidelberg und Freiburg) für das relativ kleine, bis 1806 universitätslose Baden finanziell nicht verkraftbar schienen. Obwohl Großherzog Karl (s. Nr. 58) 1806 den Bestand der Universität Freiburg zugesichert hatte, wurde in der badischen Regierung die Freiburger Frage ab 1815 abermals aufgeworfen. Nicht zuletzt dem Einsatz Karl von Rottecks ist es zu verdanken, daß Großherzog Ludwig 1818 die Zusicherung seines Vorgängers bestätigte. Die Universität bedankte sich überschwenglich und bat, seinen Namen neben dem ihres Gründers Albrecht führen zu dürfen: Alberto-Ludovic(ian)a. Dieser neue Name erscheint auch auf dem Dokument in der Hand Ludwigs. Das Porträt stellt so einen inneren Bezug zu den Bildnissen Albrechts VI. her, dessen Stiftungsbrief jeweils die Aufschrift »Albertina« trägt (Nr. 34–35).

## Kollegiengebäude I

Das Kollegiengebäude I wurde zwischen 1906–1911 erbaut, zunächst nach Plänen des Karlsruher Architekten Friedrich Ratzel (1869–1907). Er hatte ein historistisches Gebäude vorgesehen, das mit seinen Renaissanceformen gewissermaßen an die gotischen Formen der benachbarten Universitätsbibliothek (heute KG IV) anschließen sollte. Nach Ratzels Tod übernahm 1907 Hermann Billing (1867–1946), wie Ratzel Professor an der Technischen Hochschule in Karlsruhe, die Bauleitung. Billing behielt Ratzels Grundriß bei, entschied sich jedoch für eine moderne Formensprache. So erhielt Freiburg ein prominentes Werk badischer Jugendstilarchitektur, in der aus der Natur abgeleitete Motive der Rokoko-Ornamentik (Muschelmotive u.ä.) mit dem tektonischen Baukörper zu einer unauflöslichen Einheit verschmolzen sind. Der rote Sandstein als Baumaterial nimmt Bezug auf städtebauliche Traditionen der Stadt, vor allem auf das Freiburger Münster. Zugleich erlaubte dieses Material, den Stein bildhauerisch zu beleben und der Architektur die ihr eigene, für die damalige Zeit moderne Prägung durch runde, organisch schwellende Formen zu geben. Die um 1930 entstandene Aufnahme zeigt das Gebäude noch in seiner ursprünglichen Gestalt.

Mit diesem Bauwerk präsentierte sich die Universität erstmals in ihrem Selbstverständnis nach außen hin durch eine eigens für ihre Zwecke und in ihrem Auftrag geplante Architektur. Daher spielten nicht nur funktionale

Gesichtspunkte eine Rolle, sondern es wurde auch Wert auf Hinweise gelegt, die inhaltliche Bedeutung und politische Einbindung der Universität anzeigen sollten. Davon zeugen Inschriften, Reliefs und Skulpturen am Außenbau. Über der Aula, deren kuppelüberwölbte Fensterseite die Westfassade zum Werderring hin bestimmte, setzte sich die Universität als eigene Devise ein Wort aus dem Johannesevangelium: »DIE WAHRHEIT WIRD EUCH FREI MACHEN« (Joh 8,32). Links und rechts wurde der Wahlspruch durch zwei Skulpturen des Bildhauers Wilhelm Gerstel (1879–1963) gerahmt: die Wahrheit und die Freiheit. Die beim Bombenangriff 1944 nur leicht beschädigten Skulpturen sind heute verschollen.

Literatur:

Jos. Aug. Beringer: Das Kollegiengebäude der Universität zu Freiburg i.B. von Hermann Billing, in: Moderne Bauformen XI (1912), Heft 8, S. 349–380. – 80 Jahre Kollegiengebäude I der Universität Freiburg 1911–1991. Eine Ausstellung des Museums für Stadtgeschichte Freiburg in Zusammenarbeit mit der Albert-Ludwigs-Universität Freiburg, 29. Oktober bis 16. November 1991. Faltblatt zur Ausstellung, bearbeitet von Peter Kalchthaler, Uni-Pressestelle, Oktober 1991. – Gerhard Kabierske: Hermann Billing, in: Denkmäler, Brunnen und Freiplastiken, S. 670 (mit weiteren Literaturangaben). – Ders.: Hermann Billing, in: Badische Biographien Neue Folge II (1987), S. 40–41. – Ders.: Der Architekt Hermann Billing, Diss. phil. Freiburg 1993, S. 528–539, Kat.Nr. 211. – FUB 122 (Themenheft mit Beiträgen von B. Vedral, P. Kalchthaler, A. Haupt, V. Mertens, D. Speck, O. Müller).

**Hermann Billing (1867–1946), Entwurf**

**Adolf Studinger, Ausführung**

## 38. »Universitätswappen« (hl. Hieronymus)
## 39. Freiburger Stadtwappen
## 40. Badisches Wappen

**Reliefs am Außenbau des Kollegiengebäudes**

Roter Sandstein, 1910/11

An der rechten Seite der Westfassade ist als Hoheitszeichen der Universität ein *Relief des hl. Hieronymus* angebracht, umgeben von dem Adlerwappen des Erzherzogtums Österreich (Altösterreich) sowie dem Wappen des habsburgischen Erzhauses Österreich mit der Querbinde unten und den Wappen des Hauses Baden (Schild mit Schrägbinde) und des Breisgaus mit dem Zähringerlöwen oben. Schon seit den frühesten Jahren der Universität erscheint der Kirchenlehrer Hieronymus auf dem kleineren Siegel der Universität Freiburg, das vor allem vom Rektorat für Angelegenheiten der

Verwaltung benutzt wurde. Als Freiburg und der Breisgau 1806 nach der napoleonischen Gebietsreform nicht mehr zum österreich-habsburgischen Regierungsgebiet gehörten, sondern Teil des badischen Großherzogtums wurden, paßte man das Siegel den neuen politischen Umständen an. Die derzeit bereits historisch gewordene über dreihundertjährige vorderösterreichische Tradition und die zur Bauzeit des Universitätsgebäudes aktuelle Regierungszugehörigkeit spiegeln sich somit in dem Relief wider.

Über dem der Stadt nächstgelegenen Portal erscheint, eingebettet in schwellende Jugenstilkartuschen, das *Freiburger Stadtwappen.* Dies gab dem Rektor in seiner Rede zur Eröffnung des neuen Universitätsgebäudes am 28. Oktober 1911 Anlaß zu einer Reverenz vor der Stadt: »Wir haben das Wappen der Stadt an dem nördlichen Haupteingang des Hauses anbringen lassen, um vor aller Augen zu bekunden, daß die Universität dem Entgegenkommen der Stadt ihr Bestehen und in so mancher kritischer Zeit ihre Erhaltung verdankt.« (S. 27)

Bauskulptur und Inschriften am Hauptportal an der Südseite dokumentieren nochmals die Schirmherrschft der Landesregierung, unter der das Gebäude entstanden ist. Über dem Hauptportal steht das *Badische Wappen* mit der Königskrone des Landesherrn. Darüber verweist eine Inschrift in lateinischen Lettern auf den Baubeginn unter Großherzog Friedrich I., der 1906 den Grundstein legte, und die Fertigstellung des Gebäudes unter

seinem Sohn Friedrich II. »AEDEM A PATRE STUDIIS DEDICATAM / EREXIT FRIDERICUS II« (Das Gebäude, vom Vater den Studien gewidmet, errichtete Friedrich II.). Über dem Fenster waren früher in lateinischen Ziffern die Jahreszahlen der Grundsteinlegung und der Fertigstellung des Bauwerks (1906–1911) eingemeißelt.

**Arnold Rickert (1889–1974)**

## 41. Denkmal für die Gefallenen der Universität

Muschelkalk, 1925–1928
Standort: Westseite des KG I, Werthmannplatz

Wenige Jahre nach der Fertigstellung des Universitätsgebäudes brach der Erste Weltkrieg aus, in dem mehr als 600 Studenten, Beamte und Lehrer der Freiburger Universität fielen. An dem Platz, der ursprünglich für eine überlebensgroße Figur des Großherzogs bestimmt war, sollte nunmehr unter dem Relief mit dem Universitätssiegel ein Denkmal für die Gefallenen errichtet werden. Ein Briefwechsel zwischen Dr. Benedict Kreutz als Vertreter des Deutschen Caritasverbands im benachbarten Werthmannhaus und den damaligen Dekanen der Theologischen Fakultät, den Professoren Bilz und Krebs, aus dem Jahre 1925 läßt etwas vom geistigen Klima in der Universität ahnen, unter dem die Form des Denkmals im Senat bestimmt wurde. Während die Vertreter der Theologie »ein christliches Symbol der Trauer, etwa die Pietà« bevorzugt hätten, tendierte das mit dem Denkmalsauftrag betraute Comité, die Professoren Hoche, Straub und Himstedt, zu einer in dieser Hinsicht neutralen, an humanistisch-klassizistischen Kunstidealen orientierten Darstellung, wie sie Arnold Rickert schuf: eine sitzende Frauengestalt, die die Hände mit klagen-

der Gebärde ineinanderlegt und den Kopf in leiser Trauer neigt, als Sinnbild für die Trauer der Alma Mater um ihre toten Söhne.
Im Zusammenhang mit diesem Denkmal gestaltete Arnold Rickert 1929 auch die Gedenktafel mit den Namen der Gefallenen, die im ersten Obergeschoß des Kollegiengebäudes in der Nähe der Aulavorhalle errichtet wurde (Nr. 46).

## Das Kollegiengebäude 1934–1936

1934 wurde das Obergeschoß des Kollegiengebäudes bei einem Brand erheblich beschädigt. Da die Universität ohnehin bereits an Platzmangel litt, nutzte man die Gelegenheit und erweiterte das Haus um ein zusätzliches Stockwerk, wie eine Inschrift in deutschen Lettern (»Nach dem Brande 1934/aufgestockt 1935–36«) zeigt. Hermann Billing, der den Ausbau leitete, wählte auch jetzt einen Stil, der als zeitgemäß empfunden wurde, und griff auf scharfkantige, am Klassizismus orientierte Bauformen zurück. Die Regierung, die 1933 die Macht ergriffen hatte, nutzte das Gebäude, um Gesinnung und Herrschaftsanspruch auch innerhalb der Universität zu dokumentieren. Über dem Universitätspatron, dem hl. Hieronymus, wurde am neuen Geschoß ein Relief mit dem nationalsozialistischen Reichsadler, der in den Fängen das Hakenkreuz hält, angebracht. Über dem Hauptportal, dort wo früher die Baudaten eingemeißelt gewesen waren, sollte auf

Wunsch des Kultusministeriums »ein deutsches Sinnwort« erscheinen, »durch das die Umstellung des Reiches und des deutschen Menschen dargetan werde«. Die Dekane aller Fakultäten wurden aufgefordert, Vorschläge einzureichen, u.a. wurde vorgeschlagen: »Gemeinnutz geht vor Eigennutz«, der Wahlspruch des Führers, »Wir dienen dem Volke«, »Es gibt nur das Reich«, »Wir wollen das Reich«, »Konservativismus hat die Ewigkeit für sich«, »Dem deutschen Geist«, »Wir säen eine tiefe Saat«, »Dem ewigen deutschen Volk« (Vorschlag der Studentenschaft), »Alles für Deutschland« (Vorschlag der Junglehrerschaft). Das Kultusministerium bestimmte schließlich: »Die Aufschrift an dem Universitätsgebäude soll in deutschen Lettern ausgeführt lauten: ›Dem ewigen Deutschtum‹.« – Der Reichsadler mit dem Hakenkreuz an der Westfassade wurde als Symbol des Dritten Reiches nach dem Krieg abgeschlagen, die Inschrift über dem Hauptportal jedoch blieb stehen. Im Gegensatz zu den Inschriften aus der Zeit der badischen Großherzöge erhielt sie keine neue Goldfassung. Sie steht dort als Mahnung und Erinnerung an ein Stück deutscher Geschichte. Als Mahnung und Anklage gegen das Leid, das in dieser Zeit so vielen Menschen zugefügt wurde, die sich der herrschenden Ideologie widersetzten oder Opfer des Rassenwahns wurden, mag der Betrachter den geschundenen »Marsyas« von Alfred Hrdlicka vor dem KG IV (Nr. 82) verstehen.

Quellen:
UA, B 1/363–364. – Martha Zimmermann: Mittelalterliche Traditionen im baulichen Erscheinungsbild der Universität Freiburg, S. 105–107.

**Cipri Adolf Bermann (1862–1942)**

## 42.–43. Homer und Aristoteles

Bronzehohlguß, 1915

Standort: Haupteingang (seit 1921)

Inschrift auf der Homer-Plastik: ΟΜΗΡΟΣ / ΑΙΕΝ ΑΡΙΣΤΕΥΕΙΝ ΚΑΙ ΥΠΕΙΡΟΧΟΝ ΕΜΜΕΝΑΙ ΑΔΔΩΝ
Inschrift auf der Aristoteles-Plastik: ΑΡΙΣΤΟΤΕΔΗΣ / ΠΑΝΤΕΣ ΑΝΘΡΩΠΟΙ ΤΟΥ ΕΙΔΕΝΑΙ ΟΡΕΓΟΝΤΑΙ ΦΥΣΕΙ

Als vermittelnde Elemente zwischen Außen- und Innenraum regte der Architekt des Kollegiengebäudes, Hermann Billing, 1908 zwei Sitzfiguren an, die programmatisch auf die Funktion des Hauses verweisen sollten. Ähnlich wie in Berlin vor der Humboldt-Universität Wilhelm und Alexander von Humboldt als Vertreter der geistes- und der naturwissenschaftlichen

Studienzweige erscheinen, so sollten auch in Freiburg Vertreter zweier verschiedener Fachrichtungen den Haupteingang rahmen. Zunächst dachte man an zwei Gelehrte aus der Frühzeit der Freiburger Universität, Erasmus von Rotterdam und Ulrich Zasius, entschied sich schließlich jedoch für Homer und Aristoteles als Vorbilder eines humanistischen Bildungsideals.

Dabei sollte der blinde Sänger Homer mit der Leier für die intuitive Erkenntnis von Wahrheit stehen. Zugleich verweist er auf all jene Wissenschaften, die sich mit Dichtung, Kunst und Musik beschäftigen. Die Inschrift auf der linken Seite von Homers Sitzbank enthält den väterlichen Rat des Peleus an den jugendlichen Achill, »immer der erste zu sein und sich vor allen auszuzeichnen« (Ilias 6, Vers 208), gleichlautend dem Rat, den Hippolochos von seinem Vater erhält (Ilias 11, Vers 783).

Aristoteles, der sich konzentriert über eine Schriftrolle beugt, erscheint demgegenüber als logisch reflektierender und analysierender Denker und damit nicht nur als Vertreter der Philosophie, sondern auch der Gesellschafts- und der Naturwissenschaften. Auf seiner Sitzbank ist der erste Satz aus der Metaphysik des Aristoteles zitiert: »Alle Menschen streben von Natur aus nach Wissen.«

Weisheit als intuitive Erkenntnis von Wahrheit und Weisheit als theoretische Wissenschaft von den ersten Ursachen des Seins werden hier gegenübergestellt und gleichzeitig durch die Inschriften miteinander verbunden, die an den Bildungs- und Wissensantrieb der Lernenden appellieren.

**Hermann Billing (1867–1946), Entwurf**

**Großherzogliche Majolika-Manufaktur Karlsruhe, Ausführung**

## 44. Universitäts-Wappen
## 45. Badisches Wappen

Majolika-Reliefs, um 1910/11
Standort: Haupteingang, Windfang

Die Motive entsprechen der ebenfalls von Hermann Billing entworfenen Bauskulptur am Außenbau (s. Nr. 38–40). Die beiden Reliefs sind der Rest der ehemals reichen Innenausstattung des Universitätsgebäudes mit Karlsruher Majolika, darunter ein graublauer Majolikabrunnen mit den Motiven der 12 Tierkreiszeichen in der Eingangshalle des Kollegiengebäudes.

**Arnold Rickert (1889–1974)**

## 46. Gedenktafel für die Gefallenen des Ersten Weltkriegs

Kupfer, gemeißelt, 1929 (194 × 320 cm)
Standort: Haupttreppenhaus, Treppenabsatz 1. OG (ohne Abb.)

Die Tafel entstand im Zusammenhang mit der Trauernden vom selben Künstler vor dem Kollegiengebäude I (s. Nr. 41). Beide Denkmale wurden durch Zusatzinschriften auch den Opfern des Zweiten Weltkriegs und der Gewaltherrschaft gewidmet.

**Adolf Donndorf (1835–1916)**

## 47. Porträtbüste Otto von Bismarck (1815–1898)

Weißer Marmor (72 × 70 × 37 cm)
Standort: Haupttreppenhaus, Treppenabsatz

1886 fertigte Adolf Donndorf – damals Professor an der Stuttgarter Akademie – zwei Porträts für ein Büstendenkmal Moltkes und Bismarcks auf dem Stuttgarter Charlottenplatz. Donndorf arbeitete die Porträts nach dem Leben und fuhr eigens zehn Tage nach Friedrichsruh, um das Bismarckporträt in Ton zu modellieren: nach eigenen Aussagen des Künstlers ein Versuch, nicht die Phrase vom »Kanzler von Blut und Eisen« und die »dumme historische Pose« so vieler bis dahin entstandener Porträts zu wiederholen, sondern gerade auch die feineren Züge der Physiognomie festzuhalten. Dem entspricht auch die Kleidung, die zwar eine Uniform andeutet, jedoch ohne Orden und Ehrenzeichen, und so der barhäuptigen Erscheinung des Kanzlers einen eher privaten Charakter gibt.

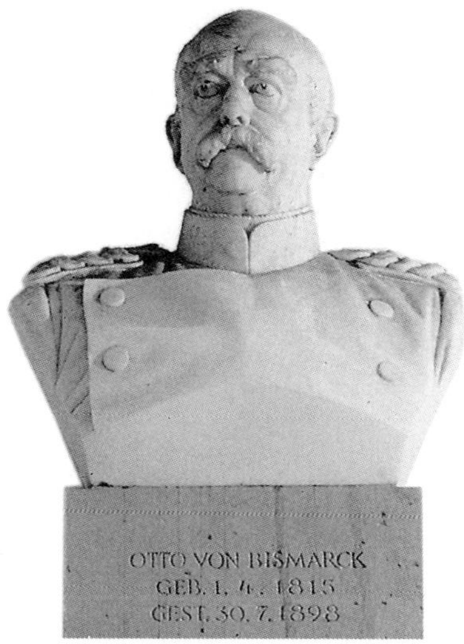


Der Auftrag ging auf die Initiative des Stuttgarter Verlegers Wilhelm Spemann zurück, der eng mit Donndorf befreundet war. Aus diesem Grund befindet sich auch in Freiburg eine der zahlreichen Marmorwiederholungen der Büste. Anders als der Bismarckturm, den die Studentenschaft der Albert-Ludwigs-Universität im Jahre 1900 auf dem Schloßberg errichtete, geht die Aufstellung der Bismarckbüste im Kollegiengebäude der Universität nicht unmittelbar auf die Bismarckverehrung zurück, die zu Ende des 19. Jahrhunderts auch die deutschen Hochschulen erfaßt hatte. Die Büste befand sich als ›Familienerbe‹ im Besitz eines der Söhne des Verlegers Wilhelm Spemann, des Zoologen Hans Spemann (1869–1941), der 1923/24 Rektor der Universität war. Ihre Aufstellung an dem Ort, an dem sie heute noch steht, beschreibt Spemann in seinen 1940 entstandenen Lebenserinnerungen: »Die Büste von Bismarck habe ich meiner Freiburger Universität geschenkt. Ich durfte sie in ihren Räumen aufstellen in einer Zeit, als draußen der Wind noch anders wehte. So steht sie jetzt neben der großen Gedenktafel, welche bedeckt ist mit den ungezählten Namen der im

Weltkrieg gefallenen Studenten. Als ein Grenzstein zwischen der alten Zeit, aus welcher auch jene Opfer für Deutschlands Leben stammen, und der neuen, welche sie vorbereiten halfen.«

**Hermann Volz (1847–1941)**

## 48. Büste des badischen Großherzogs Friedrich I. (reg. 1852–1907)
## 49. Büste des badischen Großherzogs Friedrich II. (reg. 1907–1918)

Jeweils weißer Marmor (90 × 67 × 49 cm) auf Marmorpostament (173 × 67 × 49 cm)

Standort: Vorhalle zur Aula (»Prometheushalle«)

Die Büsten der beiden badischen Großherzöge, in deren Regierungszeit das Kollegiengebäude entstand, befanden sich ursprünglich vor den beiden Pfeilern der Aulavorhalle.

**Hans Adolf Bühler (1877–1951)**

## 50. Prometheus bringt den Menschen das Feuer

Fresko auf Eternit, 1910–1912 (ca. 3,40/3,90 × 11 m)
Standort: 1. OG, Vorhalle zur Aula (»Prometheushalle«)

Der griechischen Sage nach war Prometheus, der »Vorausdenker«, Schöpfer der Menschen. Er formte sie nicht nur aus Ton, sondern stattete sie vor allem mit Feuer und den Gaben der Göttin Athene sowie den Künsten des Hephaistos aus und machte seine Geschöpfe so erst zu lebensfähigen Wesen. Aus diesem Grund galt Prometheus immer als besonderer Wohltäter und Freund der Menschheit sowie als Vermittler zwischen Göttern und Menschen. In einem Streit zwischen den olympischen Göttern und den Menschen versuchte Prometheus seinen Geschöpfen mit betrügerischer Schläue beizustehen. Zeus ging auf den Betrug ein, strafte jedoch die Menschen, indem er ihnen das Feuer nahm. Prometheus aber stahl es wiederum mittels einer List aus dem Olymp und brachte es den Menschen zurück. Zur Strafe ließ Zeus den Prometheus im Kaukasus an einen Felsen fesseln; jeden Tag stürzte ein Adler auf ihn nieder und fraß seine Leber, die des Nachts wieder nachwuchs. Diese Strafe spiegelt den Preis für den ›Sündenfall‹ der Menschheit, an dem olympischen Licht teilhaben zu wollen, nämlich von immer neuem Erkenntnisdrang gepeinigt zu werden.

Das Feuer ist einerseits wichtigste Bedingung für die menschliche Kunstfertigkeit, anderseits Symbol für die Kraft jeglicher Erkenntnis und Weisheit, die den Menschen trotz ungünstigerer physiologischer Konstitutionen über das Tier erhebt.

Prometheus, der den Menschen das Feuer bringt, sollte das Thema des Bildschmucks für die Aulavorhalle im neuen Universitätsgebäude sein. Zunächst dachte man in der akademischen Baukommission an eine Statue. Der Architekt Hermann Billing schlug jedoch schließlich ein großes Wandgemälde vor und empfahl für die Ausführung den Karlsruher Maler Hans Adolf Bühler. Bühler lieferte verschiedene Vorstudien, von denen heute zwei im Besitz der Universität sind. Allemal sollte ein kolossaler Prometheus vor einer Art Menschenmauer erscheinen. Dabei sollten links und rechts des Prometheus zunächst jene Künste und Wissenschaften sinnbildlich verkörpert sein, die dieser die Menschen gelehrt hat. Bühler entschied sich jedoch für eine allgemeinere Darstellung der Menschheit in einer Vielzahl von Einzelcharakteren.

Prometheus erscheint als riesige Gestalt, hinterfangen von einem rotgoldenen Tuch. Die Farben verweisen auf Liebe und Geist, als Antrieb des prometheischen Sendungsbewußtseins. Die zarte Mädchengestalt im blauen Kleid, die den Titan stützt, während zugleich sein linker Arm schwer auf ihr zu lasten scheint, soll die unsterbliche Seele des Prometheus darstellen, der durch sein Wirken an den Menschen die Last eines schweren Schicksals zu tragen hatte. Diese Psyche-Gestalt ist die einzige auf dem ganzen Gemälde, die unmittelbar in das Feuer zu blicken vermag.

Hinter Prometheus haben sich im Halbkreis die Menschen versammelt. Links erscheinen vor einer felsig-grauen Frühlingslandschaft einzelne kleine Gruppen. Inmitten der blühenden Wiese nahe einer Quelle stillt eine Mutter ihr Kind, auf dem Boden kniet eine junge Familie, rechts daneben stehen ein junges Paar und eine blumenbekränzte junge Frau. Im Anschluß an diese locker in die Landschaft gesetzten Gruppen, die auch als Repräsentanten des ›Lebensfrühlings‹ verstanden werden können, drängt sich nach rechts hin immer dichter eine Menschenmenge, in deren Gesichtern unterschiedlichste Charaktere und Reaktionen auf das Geschehen im Vordergrund abzulesen sind. Die Modelle fand Bühler in seiner Umgebung. So stehen er selbst und seine Frau neben dem blumenbekränzten jungen Mädchen im linken Bildteil, daneben Menschen vom Kaiserstuhl, Rheinschiffer, befreundete Männer und Frauen, Typen aus den Straßen Freiburgs, Professoren der Universität etc. Die Reaktionen der Menschen reichen von Neugier und Erstaunen über Skepsis, wissendes Annehmen bis hin zu Ehrfurcht und Erschrecken. Doch nicht nur arglose Annäherung an das Feuer als Symbol der künstlerischen und wissenschaftlichen Möglichkeiten des Menschen sind zu finden. Ein dunkler Zug erscheint mit der buckligen, durch ein Pantherfell verhüllten Frau (»Hexe«) rechts im Vordergrund, die nicht das Feuer, sondern prüfend das Gesicht des Prometheus fixiert, während sie in ihren Händen einen grünen Kristall verbirgt. – Ein anderes, überirdisches Licht erblickt die ältere Frau am rechten Bildrand. Ihr Schauen in ein Jenseits löst bei einigen Menschen in ihrer nächsten Nähe Bestürzung aus. Mit ihrer Gestalt endet der Bogen, der links mit den Bildern werdenden Lebens begonnen hatte.

Hans Adolf Bühler hat versucht, sich mit seinem Prometheus-Fresko in die Tradition monumentaler Wandmalerei einzureihen, die er u.a. in Italien studiert hatte. Um die Jahrhundertwende wurde diese Tradition durch Maler wie Ferdinand Hodler, Edvard Munch und Gustav Klimt neu mit symbolistischen Themen besetzt. Ein Teil des Unbehagens, das den Betrachter vor diesem Bild befällt, liegt hier begründet. Dem monumental angelegten Thema wird nämlich letztlich keine monumentale Ausführung gewährt. Die kolossale Prometheus-Figur wird von der besagten ›Menschenmauer‹ hinterfangen, deren Gestaltung relativ kleinteilig ist und sich in dem sorgfältigen Bemühen um eine Vielzahl von Porträtstudien in Einzelheiten verliert. Überdies entsteht hieraus eine Spannung zwischen den zeitgenössischen Gesichtern und der Wahl antikischer Nacktheit, die wiederum kaum an den Idealen der antiken Kunst orientiert ist.

Bühler entwickelt das mythologische Thema im Sinne symbolistischer Freiheit weiter und arbeitet philosophisches Gedankengut seiner Zeit mit ein, vor allem Friedrich Nietzsches Konzept vom »Übermenschen«, der durch sein Denken und seinen Willen zur Macht die »ewige Wiederkehr«, den definitiven Triumph des Lebens garantieren sollte. Sowohl die Größe der mächtigen Prometheusgestalt als auch die zyklische Anlage der ihn umgebenden ›Menschenmauer‹, in der sich Werden, Vergehen und Wiedererstehen im Schauen des Lichtes spiegeln, finden hier einen Rückhalt. Denkt man sich die Betrachter unten in der Halle in einem Halbkreis vor dem Bild, so greift der Gedanke – unterstützt durch die heruntergezogenen Seitenteile – auf das Leben in der Universität über. Die Wahl des Prometheus-Stoffes war von der akademischen Baukommission wie folgt begründet worden: »Prometheus bringt das himmlische Feuer und ist der Urheber aller Erkenntnis, der die Menschen auf eine höhere Stufe geistigen Lebens erhebt, der, wie Aeschylos sagt, ›des Geistes mächtig und bewußt sie werden läßt‹, er ist der Lehrer aller Wissenschaft.« Das Prometheus-Motiv wird in eine Bedeutung eingesetzt, die in der Bildtradition der Universität seit ihrer Gründung mit einem anderen Motiv verbunden war. So zeigt das große Universitätssiegel bis heute den lehrenden Christus im Tempel: als Lehrer aller Wissenschaft und Weisheit. Das geistige Klima um 1910 jedoch war eher offen für eine symbolistische Darstellung des Inhalts anhand eines mythologischen Stoffes, der keinerlei Glaubensinhalte verkörperte, sondern sinnbildliche Hülle für humanistisches Gedankengut und zeitgenössische Philosophie bot.

**Hans Adolf Bühler (1877–1951)**

## 51. Prometheus bringt den Menschen das Feuer

Studie zum Fresko, 1910

Mischtechnik auf Papier, auf Leinwand aufgezogen (105,5 × 278 cm; vgl. auch Abb. im Farbteil des Anhangs)

Standort: 1. OG, Vorhalle zwischen Aula und »Prometheushalle«

Diese Vorstudie zum Prometheus-Wandbild, die zusammen mit einer weiteren, wohl früher entstandenen Studie aus dem Nachlaß der Witwe Hermann Billings in den Besitz der Universität Freiburg kam, zeigt in der Mitte den Feuerbringer, der der Menschheit das Feuer zeigt. Prometheus steht mit dem Rücken zum Betrachter; im ausgeführten Fresko ändert Bühler dies zugunsten einer stärkeren Einbeziehung des Betrachters in das Geschehen. Die Vertreter der Menschheit, die Bühler im Fresko sämtlich als Akte vorstellt, sind hier ganz oder teilweise bekleidet, eine Lösung, die Bühler zugunsten antikischer Nacktheit im Sinne des Klassizismus verwarf, um den elementaren Vorgang als Bestandteil eines Schöpfungsmythos stärker zu betonen. Die Verse aus der Tragödie »Der gefesselte Prometheus« von Aischylos (V. 436–525), die auf dem Türsturz erscheinen sollten, beschwören Wissenschaften und Künste im Sinne klassisch-humanistischer Bildung als Prüfstein der Menschlichkeit.

GEDANKENLOS WAR ALL IHR THUN / BIS ICH ES IHNEN WIES / WIE DIE GESTIRNE AUF UND UNTERGEHN / UND AUCH DIE HOHE WISSENSCHAFT DER ZAHLEN / DER SCHRIFT GEBRAUCH / ERINNERUNG ZUGLEICH / DER MUSEN THAETGE MUTTER / IHNEN GAB .... DER MENSCHHEIT KUENSTE SIND PROMETHEUS WERK. AISCHYLOS

## Die Aula

Mit dem Prometheus-Fresko hat die Universität versucht, ein Bild für ein modernes Wissenschaftsverständnis zu finden, mit dem das Motto an der Außenseite der Aula – »DIE WAHRHEIT WIRD EUCH FREI MACHEN« – korrespondiert. Die Büsten der beiden badischen Großherzöge, unter deren Regierung das neue Universitätsgebäude entstand, stellten den Bezug zur damaligen politischen Einbindung der Universität her. Die Prometheushalle sollte zugleich als Festhalle und Foyer zur Aula dienen. Durch die Türen unter dem Fresko gelangt man in einen kleinen Vorsaal, der ursprünglich mit den Bildnissen früherer Landesfürsten und Protektoren der Universität geschmückt war. Ein Teil dieser im 18. Jahrhundert angelegten Bildnissammlung befindet sich heute im 3. Obergeschoß des Kollegiengebäudes I (Vorhalle Theologie, s.d.), ein anderer Teil im Haus zur Lieben Hand (s.d.). Ein Reiterbildnis Josephs II. vom Universitätsmaler und -kupferstecher Peter Mayer, das über der Tür zur Prometheushalle hing, ist seit dem Zweiten Weltkrieg verschollen und nur in einem Kupferstich Mayers (Abb.) überliefert.

Die Aula war zur Zeit ihrer Erbauung (1911) als ganz in Gelb gehaltener Prachtraum gestaltet, an dessen Stirnwand fünf große Gemälde mit den Personifikationen der fünf Fakultäten von dem Karlsruher Maler Ferdinand Keller angebracht waren. Die Fakultäten als Vertreter der an der Universität gelehrten Wissenschaften erschienen in emblematisch verkürzten Symbolen auch in den farbigen Glasfenstern von Fritz Geiges. In Ferdinand Kellers fünf weiblichen Allegorien der Theologie, der Jurisprudenz, der Philosophie, der Medizin und der Naturwissenschaften spiegelt sich (wie in Bühlers Prometheusfresko) die Tendenz, sich von der aus dem Mittelalter überkommenen christlichen Wissenschaftstradition zu lösen. Bislang wurden die Fakultäten stets durch ihre Patrone repräsentiert (s. Haus zur Lieben Hand, Nr. 21, und Universitätskapelle im Freiburger Münster, Nr. 143). Kellers Gemälde wurden beim Universitätsbrand am 10. Juli 1934 völlig zerstört. Man schien jedoch nicht besonders traurig darüber gewesen zu sein, hatte doch das Rektorat noch im Frühjahr 1934 beim Kultusministerium um Genehmigung gebeten, »daß die die 5 Fakultäten darstellenden Bilder auf der Nordseite der Aula, die nicht mehr zeitgemäß sind, mit Stoff verhängt werden«. Der Wiederaufbau in den Jahren 1935–36 bot Gelegenheit für zeitgemäße Gestaltung. Vor der Stirnwand wurde eine Hitlerbüste errichtet und in die Fensterverglasung wurden Hakenkreuzsymbole eingesetzt. Ihre heutige Gestalt erhielt die Aula in den 1950er Jahren während des Wiederaufbaus nach dem Zweiten Weltkrieg.

Literatur:
Jos. Aug. Beringer: Das Kollegiengebäude der Universität zu Freiburg i.B. von Hermann Billing, in: Moderne Bauformen XI (1912), Heft 8, S. 352. – Michael Koch: Ferdinand Keller (1842–1922), Leben und Werk, Karlsruhe 1978, S. 117, Kat. Nr. 410–414. – H.-D. Rösiger: Der Wiederaufbau nach 1945, S. 112f. – V. Mertens: Die künstlerische Ausstattung des neuen Kollegiengebäudes, S. 144–146.

**Firma E.F. Walcker & Cie, Orgelbau, Ludwigsburg / Werner Walcker-Mayer**

## 52. Praetorius-Orgel, 1955

Standort: Aula, 1. OG

Am Todestag von Michael Praetorius, am 4. Dezember 1955, wurde die heute bestehende »Praetorius-Orgel« eingeweiht, ein Neubau der 1944 im Krieg zerstörten ersten Orgel, die auf Anregung des Musikwissenschaftlers Prof. Dr. Wilibald Gurlitt (1889–1963) von Oscar Walcker erbaut und am 300. Todestag von Praetorius, am 4. Dezember 1921, im Musikwissenschaftlichen Seminar eingeweiht worden war. Der Neubau war durch eine Stiftung von Metthew Taylor Mellon ermöglicht worden.
Der Bau der Orgel war in den zwanziger Jahren aus der Idee entstanden, alte Musik originalgetreu auf historischen Instrumenten wiederzugeben. Die Zusammenstellung der Register (Disposition) beruht auf dem »Syntagma musicum« (1615–19) von Michael Praetorius, der in seinem musiktheoretischen Werk verschiedene Musterdispositionen beschrieben hatte (2. Band »De organographia«). Der Klang dieser Orgel ist daher ein historischer, der vor allem für die Musik vor J.S. Bach gedacht war.

## Die Herrscherporträts im 3. Obergeschoß des Kollegiengebäudes I

Die großen Bildnisse in der Halle der Theologischen Fakultät sind Teil einer Galerie von Herrscherporträts, die seit dem 18. Jahrhundert von der Universität angelegt wurde. Das älteste Bild ist das Porträt des Universitätsgründers Erzherzog Albrecht VI., das heute im Haus zur Lieben Hand hängt (Nr. 34). Die Universität gab dieses postume Porträt des spätmittelalterlichen Herrschers 1757 zum 300. Gründungsjubiläum der Hochschule in Auftrag. Bis auf zwei Ausnahmen wurden die folgenden Porträts sämtlich zu Lebzeiten der Regenten in Auftrag gegeben oder von diesen erbeten: als Zeichen der Dankbarkeit der Universität gegenüber dem Landesherrn für erwiesene Stiftungen und Protektion. Nach den habsburgischen Herrschern Maria Theresia, Joseph II., Franz II. sowie Erzherzog Karl griffen nach 1805 auch die badischen Landesherren Markgraf Karl Friedrich von Baden-Durlach, Großherzog Ludwig I. und Großherzog Friedrich I. den Brauch auf, sich von der Universität ein gemaltes Porträt abbitten zu lassen. Die beiden Ausnahmen sind ein zweites Porträt des Universitätsgründers und – als Pendant dazu – das Bildnis seiner Gemahlin Mechthild. Die beiden 1779 entstandenen Gemälde sollten das relativ kleine Stifterbild von 1757 ersetzen, wahrscheinlich damit der Universitätsgründer optisch befriedigender neben den lebensgroßen Porträts Maria Theresias und Josephs II. aus dem Jahre 1777 zur Geltung kommen konnte. Alle folgenden Bildnisse sind an dieser Größe orientiert und wurden einheitlich gerahmt.
Im Jahre 1795 zeigte die Universität ihre Dankbarkeit gegenüber Erzherzog Karl von Österreich, indem sie ihm den Ehrentitel des »Rector magnificentissimus« verlieh. Der aus dem Kreis der Professoren gewählte Rektor der Universität führte seit dieser Zeit den Titel »Prorektor«. Dieser Brauch wurde mit dem Übergang Freiburgs an Baden auf die badischen Großherzöge übertragen und bis 1918 beibehalten. So stellen diese großen Porträts von 1795 an nicht nur den damaligen Landesherrn, sondern auch den »Rector magnificentissimus« der Universität vor.
Die Herrscherporträts zierten lange Zeit den Konsistoriumssaal, den damaligen Senatssaal, im Hauptgebäude der Universität (heute »Alte Universität«). Im neuen Kollegiengebäude (heute KG I) wurden die Bildnisse 1911 im Raum zwischen Prometheushalle und Aula aufgehängt, dessen Wände Hermann Billing eigens für diesen Zweck gestaltete. – Zu den heute in der Vorhalle der Theologischen Fakultät ausgestellten Bildnissen sind die beiden Porträts des Universitätsgründers Erzherzog Albrecht, dasjenige seiner Frau Mechthild sowie das Porträt des Großherzogs Ludwig I. von Baden, dem die »Albertina-Ludovica« den zweiten Teil ihres Namens verdankt,

hinzuzudenken. Diese vier Bildnisse hängen heute im Haus zur Lieben Hand (Kat.Nr. 34–37). Die Porträts sind im folgenden chronologisch geordnet, eine Ordnung, die sich in der Hängung aus optischen Gründen nicht ganz einhalten ließ.

**Schule des Martin van Meyten,**
**Franz Messmer und Jakob Kohl zugeschrieben**

## 53. Porträt des Hofrats Karl Anton von Martini (1726–1800)

Öl auf Leinwand, um 1773–1775 (231 × 141 cm)
Standort: 3. OG, Vorhalle Theologie

Karl Anton von Martini war Professor für Naturrecht und Römisches Recht an der Wiener Universität und Mitglied der Studienhofkommission. Als einzigem Nichtregenten widmete ihm die Freiburger Universität offiziell ein lebensgroßes Bildnis.
Martini hatte bei dem aus Freiburg stammenden Paul Joseph Riegger in Innbruck studiert. Ein Sohn Rieggers wiederum, Joseph Anton Riegger, studierte später bei Martini in Wien und erhielt 1765 in Freiburg, der Heimatstadt seines Vaters, eine »Professur der kaiserlichen Institutionen und des peinlichen Rechts«. 1772–74 war er Rektor der Universität. 1773, als der Universität nach Aufhebung des Jesuitenordens das Jesuitenkollegium als Unterrichts- und Wohnstätte für die Studenten abhanden zu kommen drohte (s. Alte Universität), setzte auf Rieggers Bitte hin Hofrat Martini bei Maria Theresia durch, daß das Gebäude der Universität Freiburg unentgeltlich überlassen würde.

Sehr wahrscheinlich war es Riegger, der aus Dankbarkeit veranlaßte, daß 1775 ein Bildnis Martinis aus Wien nach Freiburg gelangte.

Es entstand im Umkreis Martin van Meytens, des Lieblingsmalers Maria Theresias. Martini bittet allerdings noch im selben Jahr in einem Brief an Riegger, ihn »nicht außer Stand zu setzen, für dasige Universität weiter sorgen zu können. Die Ausstellung meines nur gar zu prächtig und ohne mein Wissen verfertigten Porträts würde dahin auslaufen.« Tatsächlich wurde das Gemälde erst 1779 mit einem Rahmen (gefertigt von dem Bildhauer Franz Anton Xaver Hauser, s.d.) versehen und aufgehängt. Das Bild zeigt Martini an einem Tischchen sitzend vor einer Anzahl von Schriftstücken, über denen sich in Form einer Skulptur eine weibliche allegorische Gestalt erhebt. Im Hintergrund wird eine barocke Architektur sichtbar. Auf der Brust trägt Martini den von Maria Theresia gestifteten Stephansorden für nichtmilitärische Verdienste.

**Franz Joseph Rösch (1724–1777)**

## 54. Bildnis der Kaiserin Maria Theresia (1717–1780)

Öl auf Leinwand, 1777 (226 × 130 cm)
Standort: 3. OG, Vorhalle Theologie

Maria Theresia erscheint in Witwentracht, nur mit dem Wiener Stephansorden dekoriert. Anstelle der Säule, die gewöhnlich auf Herrscherporträts neben einem baldachinartigen Vorhang als Hoheitszeichen erscheint, erblickt man im Rücken der Regentin eine Urne, die wohl als Hinweis auf ihren verstorbenen Gemahl Kaiser Franz I. verstanden werden darf. Vor ihr liegen auf einem Kissen die ungarische und die böhmische Königskrone, in der Hand hält sie das ungarische Szepter.
Das Verhältnis der Universität zu Maria Theresia ist keineswegs ohne Spannungen gewesen. Maria Theresia griff mit ihren Studienreformen, die nach Wien 1752 auch die vorderösterreichische Universität Freiburg betreffen sollten, nicht nur in Fragen von Inhalt und Organisation des Studiums ein. Ihre Reformen zielten vielmehr auf Zerstörung der Universität als selbständiger Korporation mit eigener Wirtschaftshoheit und Gerichtsbarkeit, wie sie in der Stiftung Erzherzog Albrechts VI. verbrieft war. Die 1760er Jahre waren von stetem Kampf der Universität um die Erhaltung ihrer alten Privilegien gezeichnet, der schließlich vom Staat durch wirtschaftliche und militärische Repressionen sowie durch Entlassung des Senats entschieden wurde: 1768 wurde die Universität zu einer Staatsanstalt, deren Führung und Professoren von der Regierung berufen wurden.

Zwangsläufig entspannte sich die Situation unter der neuen Universitätsführung. 1768 verlieh Maria Theresia dem Rektor eine Medaille mit ihrem Porträt als Amtskette, 1770 beteiligte sich die Universität am feierlichen Empfang der jüngsten Tochter Maria Theresias, Marie Antoinette, bei ihrer Brautfahrt nach Frankreich zu Ludwig XVI., und 1777 stellte sich die Landesherrin in die Reihe der Stifter der Universität, indem sie ihr das Jesuitenkolleg ›schenkte‹ (s. Alte Universität, Nr. 10). Zwei Jahre später ließ die Universität von dem in Wien geschulten Maler und akademischen Bürger Rösch ein Porträt Maria Theresias und eines ihres Sohnes Joseph II. anfertigen.

**Franz Joseph Rösch (1724–1777)**

## 55. Bildnis Kaiser Josephs II. (1741–1790)

Öl auf Leinwand, 1777 (234 × 145,5 cm)

Standort: 3. OG, Vorhalle Theologie

Joseph II. erscheint in einer mit Orden dekorierten Militäruniform mit einer Schärpe in den österreichischen Landesfarben. Zu seiner Rechten liegt vorn die Krone des Heiligen Römischen Reiches mit Reichsapfel und Szepter; beim Tod seines Vaters war Joseph diesem 1765 in der Kaiserwürde gefolgt. Zugleich wurde er Mitregent Maria Theresias in den habsburgischen Erblanden. Als Hinweis darauf hält Joseph im Gegensatz zu seiner Mutter das Szepter (noch) nicht in der Hand. Hinter ihm erhebt sich als Hoheitszeichen eine Doppelsäule auf hohem, kriegstrophäenverziertem Podest.

Die beiden Porträts Maria Theresias und Josephs II. sind die letzten Arbeiten Franz Joseph Röschs. Die Bezahlung konnte die Witwe Rösch allerdings erst nach dem Tode ihres Mannes von der Administration der Universität entgegennehmen.

**Joseph Marcus Hermann (1732–1811)**

## 56. Bildnis Kaiser Franz II. (1768–1835), römisch-deutscher Kaiser 1792–1806

Öl auf Leinwand, Juli–Oktober 1795 (219,5 × 140 cm)
Standort: 3. OG, Vorhalle Theologie

Das Bild dokumentiert einen Schenkungsakt, in dem Franz II. der Freiburger Universität das Vermögen des 1794 aufgehobenen Dominikanerklosters nahe Unterlinden zusprach. Dies besagt auch die Inschrift auf der Urkunde, die auf einem Tischchen zusammen mit den Reichsinsignien liegt: »Iura Corporaque / fratrum Sti. Dominici Fribourg / Academiae Albertinae / Die 14te Julij data 1794« (Rechte und Vermögen der Brüder des Heiligen Dominicus Freiburg der Academia Albertina übergeben am Tage des 14. Juli 1794). Mit herrscherlicher Geste weist Franz II. mit dem Feldherrenstab auf das Dokument, das der Universität zur Sicherung ihres wirtschaftlichen Bestandes von großem Nutzen gewesen ist – eine ähnliche Geste wie sie sich auch auf dem gut dreißig Jahre älteren Bildnis des Universitätsgründers Albrecht IV. findet, der auf die schwäbischen Besitzungen der Albertina verweist (s. Nr. 34). Die Universität gab das Porträt aus Dankbarkeit für die Schenkung bei dem Universitätsmaler und »cives academicus« Hermann in Auftrag. Es sollte die gleiche Größe haben wie die schon bestehenden Gemälde im Konsistoriumssaal, dem damaligen Senatssaal. Die im Hintergrund dargestellten Klostergebäude, die schon früher Stammhaus der Theologischen Fakultät gewesen waren, wurden 1804–06 weitgehend abgetragen.

**Carl Caspar (1747–1805)**
**nach Johann Baptist Seele (1774–1814)**

## 57. Bildnis des Erzherzogs Karl von Österreich (1771–1847)

Öl auf Leinwand, 1803 (221 × 138 cm)
Standort: 3. OG, Vorhalle Theologie

Die Rechte Karls weist auf eine Landkarte, auf der eine Festung nach Art der Anlagen Vaubans, wohl Neuf Brisach, zu erkennen ist. Aus Dankbarkeit für den Einsatz Erzherzog Karls bei der Verteidigung der österreichischen Vorlande im Krieg gegen Frankreich verlieh die Universität dem siegreichen Feldherrn 1796 den Ehrentitel eines »Rector perpetuus«. Als die Universität Jahre danach den Wunsch nach einem Porträt ihres Ehrenrektors aussprach, schickte Karl 1804 dieses Gemälde von Carl Caspar als Zeichen seiner »ausgezeichneten Theilnahme an einem wissenschaftlichen Institut (...), welches selbst während der Unruhen des Krieges meine besondere Aufmerksamkeit so sehr auf sich gezogen hat, daß ich gern besondere Verpflichtungen für seine Erhaltung und seinen Flor zu sorgen, auf mich genommen habe.« Das Werk ist eine äußerst getreue Kopie nach dem drei Jahre zuvor entstandenenen Porträt Erzherzog Karls von Johann Baptist Seele; im Unterschied hierzu ist Karl auf der Freiburger Kopie als Hochmeister des Deutschritterordens dargestellt.

**Franz Joseph Zoll (1770–1833)**

## 58. Bildnis des Großherzogs Karl Friedrich von Baden (1728–1811)

Öl auf Leinwand, 1808 (237 × 175 cm)
Standort: 3. OG, Vorhalle Theologie

Im Jahre 1805, als der Breisgau im Zuge der napoleonischen Neuordnung des deutschen Südwestens dem Großherzogtum Baden eingegliedert wurde, sorgte Karl Friedrich von Baden dafür, daß keine der beiden Universitäten des Landes – weder Heidelberg noch Freiburg – geschlossen wurde. Als Zeichen der Dankbarkeit bat das Consistorium (Senat) der Universität den Großherzog um ein Bildnis, das dieser von dem damals noch jungen schwäbischen Maler Franz Joseph Zoll anfertigen ließ und der Universität schenkte. Bei einem Festakt reihte die Universität das Geschenk in die Galerie der früheren Regenten und Förderer der Albertina im damaligen Consistoriumssaal ein.

**Ferdinand Keller (1842–1922)**

## 59. Bildnis Friedrichs I., Großherzog von Baden (1826–1907)

Öl auf Leinwand, 1899 (237 × 145,5 cm)
Standort: 3. OG, Vorhalle Theologie

Mit Friedrich I. als »Rector magnificentissimus« feierte die Universität 1857 ihr 400jähriges Bestehen. Das Gemälde wurde der Universität im Jahre 1900 auf ihre Bitte hin vom Großherzog für die Regenten-Galerie geschenkt, die damals vom Konsistoriumssaal in die Aula der heutigen Alten

Universität verlegt wurde. Ferdinand Keller malte das Porträt, das den Großherzog in großer Generalsuniform zeigt, eigens für die Herrschergalerie der Freiburger Universität und knüpfte in bezug auf Größe und Format bewußt an die bestehenden Porträts an.

## Die Porträtgalerie früherer Universitätsprofessoren

Als Kontrapunkt zu der im 18. Jahrhundert angelegten Herrschergalerie begründete die Universität gut einhundert Jahre später eine Sammlung von Professorenbildnissen. Die Anregung hierzu gab 1860 der Anatom Alexander Ecker mit einem Antrag beim Senat. Er schlug vor, die Fürstenporträts in der Aula aufzustellen, wohingegen für die Professoren-Galerie der »Consistoriumssaal«, wo der Senat tagte, ein passender Platz sei. Zehn Jahre später erging ein großangelegter Aufruf an derzeitige und ehemalige Freiburger Professoren sowie an deren Verwandte, Schüler und Freunde, die Universität bei dem Unternehmen mit Rat und Tat zu unterstützen. Weiterhin versuchte man bei Nachlaßversteigerungen und Auktionen, den Grundstock für eine solche Sammlung zu erweitern. Ecker selbst ging mit der Stiftung von Porträts seines Großvaters und seines Vaters (s. Haus zur Lieben Hand, Nr. 26) voran. Zu diesem Zeitpunkt war das Unternehmen bereits so weit gediehen, daß der Konsistoriumssaal mit der neu zusammengetragenen Professoren-Galerie ausgestattet werden konnte, während die

Herrscherporträts in der gerade renovierten Aula aufgehängt wurden. Graphische Blätter wurden in einem Album, geordnet nach Fakultäten, ausgelegt. Im neuen Kollegiengebäude wurde 1911 das sogenannte »Plenum« neue Heimstatt der Sammlung. Dort saß der Großherzog als Rector magnificentissimus (auf einem besonderen, bis heute erhaltenen Stuhl) zusammen mit dem Prorektor den Vertretern der Universität gegenüber. Die unmittelbar nach Fertigstellung entstandene Aufnahme (Abb.) zeigt das »Plenum« mit der Professoren-Galerie. Zwischen den Weltkriegen brach die Sammlung auseinander. Die noch erhaltenen Porträts sind heute über die gesamte Universität verteilt. Teilweise hängen sie in Dekanaten, Sitzungszimmern und Dienstzimmern, oder sie sind in Tiefmagazinen archiviert. Im Bereich der Theologischen Fakultät wird seit kurzem eine fakultätseigene ›Ahnengalerie‹ eingerichtet; sie mag hier als ›Statthalter‹ der früheren universitätseigenen Professorengalerie stehen, der vielleicht einmal eine eigene Untersuchung gewidmet wird.

Quellen:
UA, B1/429–430.

**Unbekannter Künstler**

## 60. Porträt Joseph Anton Schinzinger (1753–1827)

Öl auf Leinwand, um 1820 (63,4 × 52,5 cm)
Standort: 3. OG, Flur

Schinzinger trat 1769 in den Jesuitenorden ein, der aber schon 1773 aufgelöst wurde. Nach Priesterweihe (1776) und Promotion (1780) wurde er einer der Subrektoren an dem von Joseph II. eingerichteten Generalseminar bis er 1787 die Nachfolge Dannenmayrs als Professor für Kirchengeschichte antrat. Sowohl in der Lehre als auch in der Verwaltung erwarb er sich Verdienste um die Universität. (A. Raffelt)

**Alois Knittel (1814–1875)**

## 61. Porträtbüste Johann Leonhard Hug (1765–1846)

Marmor (55 × 50 × 27 cm)
Standort: 3. OG, Flur (zur Zeit noch UB, Tiefmagazin)

Hug wurde 1791 zum Professor für orientalische Sprachen und Exegese in Freiburg ernannt. Er vollzog die Wendung von der Aufklärung zur kirchlichen Restauration mit. Hug war ein bedeutender Philologe. Er wandte sich kritisch gegen die rationalistische Bibelkritik von H.E.G. Paulus und D.F. Strauß. 1827 wurde er Domkapitular, 1843 Domdekan, im gleichen Jahr Ehrenbürger von Freiburg. Mehrfache Rufe nach Breslau, Tübingen und Bonn lehnte er ab. Sein Hauptwerk ist eine Einleitung in das Neue Testament. Seine Bibliothek und seine Münzsammlung vermachte er der Universität. (A. Raffelt)

**Wilhelm Dürr d.Ä. (1815–1890) oder**
**Sebastian Luz (1836–1898) zugeschrieben**

## 62. Porträt Johann Baptist Hirscher (1788–1865)

Öl auf Leinwand (62,5 × 49,3 cm)
Standort: 3. OG, Flur

Hirscher war seit 1817 Professor der Moral- und Pastoraltheologie in Tübingen und gehört zu den Mitbegründern der heute noch erscheinenden »Theologischen Quartalsschrift«. 1837 übernahm er den Lehrstuhl für Moraltheologie in Freiburg. Seine pastoraltheologischen Interessen galten der Erneuerung der Katechetik. Er vertrat eine heilsgeschichtliche Theologie, die Moral und Katechese – antimoralistisch – auf die Reich-Gottes-Idee konzentrierte. Hirscher nahm auch zu Fragen der kirchlichen und sozialen Zustände der Gegenwart Stellung und leistete auch praktische Sozialarbeit (Stiftung von Waisenhäusern), woher sich auch der Beiname »der edle Hirscher« erklärt. (A. Raffelt)

**Marie Dürr (1852–1889)**

## 63. Porträt Friedrich Kössing (1825–1894)

Öl auf Leinwand, 1874 (67,2 × 56,7 cm)
Standort: 3. OG, Flur

1849 in St. Peter zum Priester geweiht und 1855 promoviert, wurde Kössing 1863 Nachfolger J.B. Hirschers als Professor der Moraltheologie. Kössing hat verschiedene exegetische Arbeiten veröffentlicht, die auch seine Moraltheologie fundieren. Praktische Wirksamkeit hat er 1867/77 als Prorektor und über 23 Jahre als Leiter der Sautierschen Stiftung ausgeübt. (A. Raffelt)

**D(ominik?) Weber (tätig Mitte 19. Jh.) zugeschrieben**

## 64. Porträt Franz Carl Grieshaber (1798–1866)

Öl auf Leinwand, 1849 (68 × 54,5 cm), sign. D. Weber
Standort: 3. OG, Flur

Franz Carl Grieshaber zählt nicht zu den Professoren, aber zu den Stiftern der Freiburger Universität. Ab 1821 war er Gymnasiallehrer in Freiburg, ab 1827 in Rastatt. 1856 verlieh ihm die Universität Freiburg den Titel eines Dr. phil. Im Ruhestand (seit 1857) lebte Grieshaber wieder in Freiburg. Er setzte die Universität zum Haupterben seines Vermögens ein, vor allem zur Stiftung von Stipendien. Seine Büchersammlung – über 3300 Titel – vermachte er zum größten Teil der Universitätsbibliothek.

**Ernst Thomann (*1910)**

## 65. Vogelzug

Wandrelief, Gipsschnitt, 1954
Standort: 3. OG, Flur Theologie

Durch nachträgliche Einbauten ist das Relief – in Technik und Material durch die sparsamen Mittel der Nachkriegszeit bestimmt – nicht mehr im Gesamtzusammenhang zu erkennen. Von einem apollinischen Leierspieler

aus beginnen Vögel – Weisheitsvögel – ihren Flug, dem eine kleine Gemeinde von Menschen teils erwartungsvoll entgegensieht, teils sehnsüchtig nachblickt.

## 66. »Guter Hirte«

Marmor, erste Hälfte 4. Jh. n. Chr. (Höhe 73 cm)

Standort: 3. OG, Institut für Christliche Archäologie und Kunstgeschichte (Bibliothek)

Die Statue eines ein Schaf auf seinen Schultern tragenden Hirten gehört in die Reihe von etwa 25 gleichartigen Stücken, die im frühen 4. Jahrhundert n. Chr. im Ostteil des römischen Reiches entstanden. Der auf der Rückseite angearbeitete Pfeiler macht deutlich, daß es sich dabei um Tischstützen handelt. Der Schafträger ist nicht, wie früher zumeist angenommen, als Darstellung Christi als Guter Hirte zu verstehen, sondern gehört in den weiteren Kontext der bukolischen Kunst der römischen Kaiserzeit und steht als Allegorie für neutrale Glücks- und Friedenssehnsucht. Die Statue stammt aus dem Nachlaß von Johann Georg Herzog zu Sachsen, der sie 1928 in Kairo im Kunsthandel erwarb. Über Prof. Dr. Joseph Sauer, der den Prinzen auf seinen Reisen damals begleitete, gelangte der Gute Hirte in den Besitz des Instituts für Christliche Archäologie. (M. Dennert)

**Vasile Rus-Batin (*1938)**

## 67. Porträtbüste des Dichters Mihai Eminescu

Sandstein, später übermalt (Höhe 115 × 62 × 42 cm)

Standort: 3. OG, Flur, Treppenhaus Ost, Nähe Durchgang zum KG III

Die Büste im Vorraum des Romanischen Seminars stellt den bedeutendsten rumänischen Dichter Mihai Eminescu (1850–1889) dar. Sie ist ein Geschenk des aus Cluj (Klausenburg) stammenden Künstlers Vasile Rus-Batin in Anerkennung der Tätigkeit der Deutsch-Rumänischen Studienvereinigung. Eine besondere Liebe zu dem Dichter Emininescu beseelte lange Jahre das Schaffen Rus-Batins. Der Freiburger Büste ging eine ganze Reihe verschiedenartiger Porträtstudien Eminescus voraus. Man erkennt die Bemühungen des Künstlers, die schwermütige, in der Romantik verhaftete Gestalt des Dichters aussagekräftig zu machen. (E. Lüder)

# Kollegiengebäude II

Als in den fünfziger Jahren die Studentenzahlen sprunghaft anstiegen, wurden großzügige Erweiterungen der Universitätsgebäude dringend notwendig, zumal im Zweiten Weltkrieg fast 80 % des Gebäudebestandes der Universität zerstört worden war. So wurde ein Wettbewerb für ein zeitgemäßes Universitätsgebäude mit einem »Auditorium maximum« ausgeschrieben. Als erster Preisträger übernahm 1955 der Karlsruher Architekt Prof. Dr. h.c. Otto Ernst Schweizer (1890–1965) die Planung des zweiten Kollegiengebäudes, das bis 1961 in Zusammenarbeit mit dem Wiederaufbaubüro der Universität unter Leitung von Prof. Dr. h.c. Horst Linde errichtet wurde. Genau fünfzig Jahre nach Fertigstellung des ersten Kollegiengebäudes konnte 1961 wiederum ein modernes Universitätsgebäude eröffnet werden, das sowohl städtebaulich als auch von der Bauaufgabe her hohe Anforderungen stellte. Formal – als Haus für die geisteswissenschaftlichen Fakultäten – sollte ein architektonischer Ausdruck für eine geistige Welt gefunden werden. Die unmittelbare Nähe zu den historischen Gebäuden der Altstadt war zu berücksichtigen, gleichzeitig aber sollte der Bau – etwa in den Materialien und Konstruktionssystemen – auf der Höhe der Zeit sein.

Als optische Gliederungselemente setzte Otto Ernst Schweizer tragende Pfeiler aus rotem Sandstein ein. Sie korrespondieren mit den traditionellen Baumaterialien der Altstadt und werden so zugleich der Bedeutung des Bauwerkes gerecht. Der Rhythmus der vorspringenden Sandsteinpfeiler wird im Kleinen zwischen den Fenstern von Lamellen aus Leichtmetall als modernem Baustoff aufgegriffen. Die Höhe des Baus ist so bemessen, daß sie nicht in Konkurrenz zum Freiburger Münsterturm und den anderen Türmen der historischen Altstadt gerät. Durch den großen Freiraum vor allem nach Osten hin wurde vermieden, daß das Gebäude als Baumasse allzu stark die Wirkung des Kollegiengäudes I, des Theaters und des alten Rotteck-Gymnasiums beeinträchtigt, an dessen Stelle heute die neue Universitätsbibliothek steht. Durch einen H-förmigen Grundriß wurde eine hohe Raumkonzentration bei guter Belichtung und drei dem Straßenverkehr abgewandte Längsfronten erzielt. Eine vorkragende Betonplatte bietet Wetterschutz und erfüllt Funktionen eines Arkadenganges. Die Halle mit den Emporengeschossen ist als zusätzlicher Versammlungsraum zu nutzen. In der bewußten Kombination traditioneller und moderner Materialien wie dem roten Sandstein einerseits und Beton, Stahl und Leichtmetall anderseits sowie durch Offenlegung der Konstruktionsprinzipien nach außen hin ist hier eine Architektur von äußerster Klarheit entstanden.

Literatur:
Johannes Vincke (Hg.): Festschrift der Universität Freiburg zur Eröffnung des zweiten Kollegiengebäudes, Freiburg 1961 (Beiträge zur Freiburger Wissenschafts- und Universitätsgeschichte, 25), darin: Walter Müller und Otto Freese: Die bauliche Entwicklung der Freiburger Universität im Bereich der Geisteswissenschaft, S. 1ff., und Otto Ernst Schweizer: Zweites Kollegiengebäude, S. 6ff. – Heinrich Wefing: Raum aus Licht. Kollegiengebäude II der Universität Freiburg, in: Bauwelt 9 (1991), S. 118–124. – Neue Architektur in Freiburg, Nr. 27.

**Karl Rißler (*1917)**

## 68. Gedenkplatte an der Stelle der ehemaligen Synagoge

Bronze, 1962 (Durchmesser: 150 cm)

Standort: Nordseite des KG I/ Westseite KG II, am Rande der Rasenfläche

Die Platte erinnert an die Synagoge, die 1868/70 nach Plänen von Georg Jakob Schneider an dieser Stelle errichtet worden war (vgl. Abb. S. 47) und in der Reichspogromnacht vom 9. auf den 10. November 1938 zerstört wurde.
Als Versammlungsort des dritten größeren Glaubensbekenntnisses in Freiburg fand hier u.a. am 27. Oktober 1911 zur Einweihung des neuen Kollegiengebäudes (heute KG I) ein Festgottesdienst statt, gleichzeitig mit den Festgottesdiensten der evangelischen Christen in der Ludwigskirche und der Katholiken im Freiburger Münster.

**Johann Nepomuk Zwerger (1796–1868)**

## 69. Porträtbüste Carl von Rotteck (1775–1840)

Bronzeguß, 1846/47

Guß: Königliche Gießerei F. Müller, München

Unterbau: Granit (Entwurf: Prof. Andreas Friedrich, Straßburg)

Standort: Westseite KG II

Carl von Rotteck studierte ab 1790 an der Universität seiner Heimatstadt Freiburg und wurde 1797 zum Doktor beider Rechte promoviert. Im Jahr darauf erhielt er den Lehrstuhl für Allgemeine Weltgeschichte und vergleichende Geographie, 1818–32 hatte er den Lehrstuhl für Naturrecht und Staatswissenschaften an der Juristischen Fakultät inne. Als im zweiten Jahrzehnt des 19. Jahrhunderts der Bestand der Freiburger Universität

gefährdet war, da zwei Universitäten für das Land Baden, dem Freiburg seit 1806 zugehörte, nicht tragbar schienen, setzte sich Rotteck vehement für den Erhalt der Albertina ein, u.a. mit dem Argument, daß Freiburg als katholisch geprägte Universität einen notwendigen Gegenpol zur protestantischen Heidelberger Universität darstelle (Denkschrift, 1817).
Schon bald nach dem Tod Rottecks am 26.11.1840 begann ein Komitee, überall in Deutschland Geld zu sammeln, um dem Gelehrten und Abgeordneten im Badischen Landtag ein Denkmal zu errichten. Anfang 1847 wurde die Büste des Frankfurter Bildhauers Zwerger in München gegossen. Die Frage des Standortes für das Denkmal des liberalen Oppositionspolitikers bereitete immer wieder Streitigkeiten: Verzögerungen bei der Enthüllung, später mehrmaliger Standortwechsel und zwischenzeitliche Einlagerung waren die Folge. 1848–51 stand die Büste auf dem Rathausplatz, 1861–1937 vor Rottecks Wohnhaus, dem heutigen Verkehrsamt, 1937–72 an der Nordost-Ecke des Rotteck-Gymnasiums, an dessen Stelle ab 1972 die neue Universitätsbibliothek errichtet wurde. Seit 1981 steht die Büste auf der Grünfläche zwischen Kollegiengebäude II und Rotteckring mit Blickrichtung auf das ehemalige Rotteckschen Wohnhaus, in unmittelbarer Nachbarschaft des heutigen Sitzes der Juristischen Fakultät, deren Mitglied Rotteck gewesen ist.

**Henry Moore (1898–1987)**

## 70. »Reclining Figure«

Bronze, 1952 (105 × 222 × 81 cm)
Standort: Westseite KG II, am Rande der Rasenfläche

Zeitgenössische Plastik erschließt sich oft über die Betrachtung der Art und Weise, wie der Künstler das Verhältnis von Körper und Raum interpretiert. Die »Liegende« von Henry Moore ist Inbegriff von Körperlichkeit: schwer lastend, verstärkt durch das Motiv des Liegens. Zugleich umschreibt sie Raum, ist von Raum durchdrungen, wobei sie Volumen in doppelter

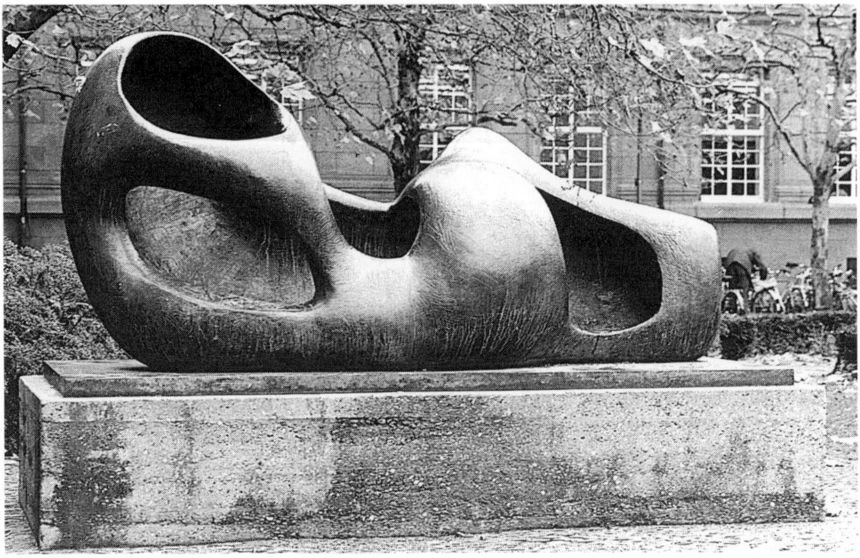

Hinsicht greifbar und sichtbar macht: den Raum umfassend wie ein Gefäß und durch die eigene Körperlichkeit im Raum stehend. Eine Formulierung nicht ohne Pathos, nicht zuletzt durch den Grad der Abstraktion. Jedes anekdotische Moment, wie etwa das einer ruhenden Venus, weit hinter sich lassend, reduziert Moore das Motiv des Liegens auf eine große Geste.

**Alfred Lörcher (1875–1962)**

## 71. »Reiter«

Terrakottarelief, 1960 (63 × 47,5 cm)
Standort: 2. OG, Bibliothek Volkswirtschaftliches Seminar

Lörchers Relief lebt aus der Spannung zwischen der statuarischen Ruhe, in der jeder der einundzwanzig Reiter neben seinem Pferd steht, und der Belebung, die die rötliche Terracottafläche gleichwohl durch die Figuren erfährt: Belebung aus der Vielfalt, die sich aus den immer neuen Variationen ein und desselben Motivs ergibt. Nicht die Einzelfigur ist das Thema dieses Werkes, sondern das Verhältnis der Figuren untereinander sowie von Figur zu Raum und Fläche.

## HAP Grieshaber (1909–1981)

# 72. »Deutschland«

Holzschnitt (5 Platten), 1952 (99 × 197 cm)
Standort: 2. OG, Juristisches Seminar, Parlatorium

HAP Grieshabers Großholzschnitt entstand unter dem Eindruck der Flüchtlingsströme, die das Bild Deutschlands nach dem Krieg zu Anfang der fünfziger Jahre prägten. Links führt ein vorwärtsschreitender Mann ein Zugpferd am Halfter. Der Gang des Pferdes ist in zahllose Einzelformen aufgelöst, was die Rastlosigkeit der Bewegung noch unterstreicht. In der rechten Bildhälfte ziehen auf einem Wagen – fast wie auf einer Bühne – sitzende Gestalten an uns vorbei. Sie scheren Schafe, die sie fest in ihre Arme geschlossen haben. Die zwei Teile der Komposition markieren so zugleich die Spannung, unter der das Schicksal vieler Menschen in dieser Zeit stand: Weggehen müssen, Fortgezogen werden vom Heimatlichen einerseits und anderseits der Wunsch nach Bewahren der bisherigen Lebensgrundlagen, nach Hinüberretten des Vertrauten in eine ungewisse Zukunft.

## Kollegiengebäude III

Das Kollegiengebäude III entstand 1964–68 als Erweiterungsbau des Kollegiengebäudes I. Die kräftige, plastisch differenziert gestaltete Sichtbetonfassade läuft nach Norden hin in eine Silhouette aus, die sich mit dem Himmel verzahnt und so dem über dem Hörsaalbau sichtbaren Turm des Freiburger Münsters ›antwortet‹. Der flache Hörsaalbau mit seinen winkligen Dächern leitet optisch über zum Peterhof und den kleinteiligen Formen der Altstadtarchitektur. Durch den Sichtbetonbau entstand ein Platz, der die drei großen Universitätsgebäude aus dem 20. Jahrhundert zusammenbindet und der Universität ein eigenes modernes Zentrum gegenüber der historischen Altstadt verleiht: ein Platz der Begegnung, auf dem sich die Wege vieler kreuzen. Für dieses Umfeld schuf Berto Lardera seine Stahlplastik.

Literatur:
Neue Architektur in Freiburg, Nr. 48.

### Berto Lardera (*1911)

## 73. »Heroischer Rhythmus IX«

Corten- und Edelstahl, 1969 (Höhe: 380 cm, ohne Sockel)

Standort: Innenhof zwischen KG I, II und III

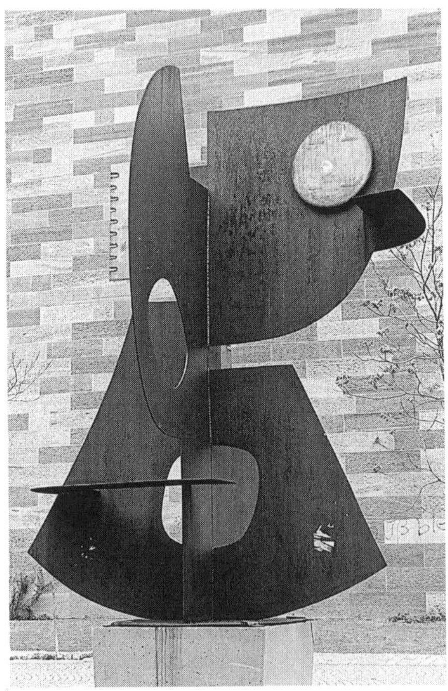

Larderas »Heroischer Rhythmus« kann als eine Art Gegenstück zu Moores »Liegender« betrachtet werden, als eine andere Möglichkeit, mit Raum umzugehen. Während Moore Körper und Raum kontrastiert, durchschneidet Larderas Plastik den Raum in alle Richtungen. Die Form erscheint dabei vergleichsweise entmaterialisiert, zusammengesetzt aus dünnen Stahlblechen. Aufgerichtet auf hohem Podest, steht sie wie eine Windrose im Innenhof, der aus den drei Kollegiengebäuden gebildet wird. Nicht von Raum umgrenzt, sondern in den Raum ausgreifend:

rund sich dem Luftzug anpassend, zugleich durchlässig an den von warmem Rostton gefärbten Cortenstahlflächen einerseits und anderseits sich eckig dem Raum entgegenstellend an den Teilen aus nichtrostendem Edelstahl. Die aus der unterschiedlichen Oberflächenkonsistenz der beiden Materialien resultierende ›Farbigkeit‹ wirkt dabei wie ein Echo auf die Baumaterialien der Umgebung, den roten Sandstein und den grauen Beton. Der Titel deutet den monumentalen Anspruch des Werkes an, das ein gewisses Pathos weniger aus einer großen Geste wie Moores »Reclining Figure« bezieht, sondern aus seiner in den ganzen Raum ausgreifenden Anlage.

**Bernd Völkle (*1940)**

## 74. Große Wandmalerei

1969/70

Standort: Hörsaalbau, Eingangshalle (ohne Abb.)

Als »Kunst am Bau« in ganz wörtlichem Sinne geht Bernd Völkles Wandgestaltung mit stark farbigen, großflächigen Formen auf den durch die Architektur geschaffenen Raum und seine Lichtverhältnisse ein. Was auf der Wand gegenüber dem Eingang erscheint, wird in der Malerei rund um den freistehenden Schacht rechterhand – zum Teil in spiegelbildlicher Verkehrung – aufgegriffen.

**Hans Peter Wernet (*1941)**

## 75. Drei gestaltete Mühlsteine

Roter Sandstein und Lavagestein, 1972

(Durchmesser je 145 cm, Dicke 45 cm)

Standort: Innenhof, vor dem Hörsaalbau

Ausgangsmaterial der drei Plastiken sind Mühlsteine, die durch die bildhauerische Arbeit eine neue Funktion bekommen haben. Die beiden dunkleren aus Lavagestein haben in einer Freiburger Papiermühle lange Zeit der Papierherstellung gedient. Die durch die frühere Verwendung vorgegebenen Bohrungen aufgreifend, hat Wernet aus dem weicheren roten Sandstein runde organische, aus dem härteren Lavagestein scharfgratige geometrische Formen herausgearbeitet. Hinter der Wahl der Form steht eine alte Symbolik, die das Rad als Inbegriff von Bewegung und damit auch

als Zeichen von lebendiger, sich stets erneuernder Geistigkeit deutet. Nach der ursprünglichen Planung sollte dieser Aspekt der Steingruppe noch deutlicher zum Ausdruck kommen, indem einer der Mühlsteine stehend – wie ein rollendes Rad – aufgestellt werden sollte. Diesen Eindruck vermittelt die Abbildung, die die Steine noch in der Werkstatt des Bildhauers zeigt.

**Theodor Werner (1886–1969)**

## 76. Tafelbild, dreiteilig

Öl auf Leinwand, 1953–62 (90 × 603 cm; vgl. auch Abb. im Farbteil des Anhangs)
Standort: 1. OG, Halle

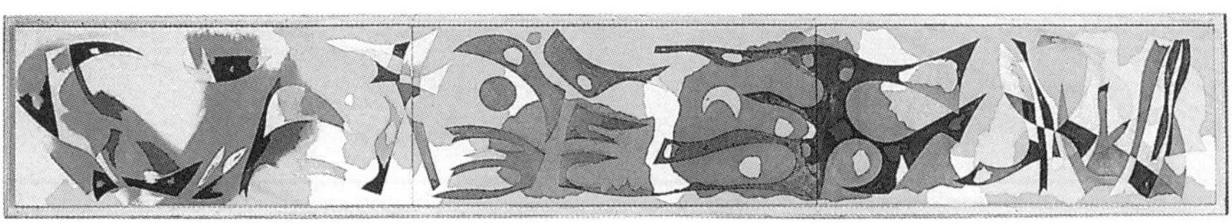

Auf einem langgestreckten Friesformat entfaltet Theodor Werners Freiburger Bild in chiffrenhaften Formen den Ablauf einer inneren Bewegung, teils in schablonenhaft scharf umgrenzten, teils in malerisch hingewischten Formen ohne festen Umriß. Positive und negative Flächen durchdringen sich und machen die Bildfläche zu einem Bildraum, der seine eigene, vom Künstler gesetzte Wirklichkeit hat. Schwungvoll beginnt die Bewegung in

der luftig-kühlen Ecke oben links mit einer teils farbig überlagerten scharfen, dunklen Sichelform. Nach einer Unterbrechung durch schwebende Formen in heiteren Farben kulminiert die Bewegung in dunkel umwölkten Ballungen von Formationen gegensätzlichster Art, die den Hintergrund fast völlig verdecken und nach rechts hin vorwärts zu streben scheinen, um schließlich in einem von wärmeren Farben geprägten Bildraum zum Stillstand zu kommen.
Die Kunst Theodor Werners gehört in den Zusammenhang der informellen Malerei der fünfziger und sechziger Jahre, die aus einem spontanen, unreflektierten Schöpfungsprozeß nach einer neuen Art der Formfindung suchte. Nicht die Form eines Gegenstands sollte Ausgangspunkt für eine abstrahierende Gestaltungsweise sein, sondern ein nicht durch das Bewußtsein gelenkter Gestaltungsakt, der ungegenständliche Formen hervorbringt. Die ästhetischen Theorien, die sich im Zusammenhang mit dieser abstrakten Kunst bildeten, stehen in enger Verbindung mit zu jener Zeit aktuellen philosophischen Strömungen. Für Werner waren neben der Gegenwartsmetaphysik von Ludwig Klages und der informationstheoretischen Ästhetik von Max Bense die Phänomenologie Edmund Husserls und die Fundamentalontologie Martin Heideggers von besonderer Bedeutung. »Nur wenn man das Wissen radikal in Frage stellt, darf man hoffen, das fundamentale Sein der Phänomene ans Licht zu bringen«, schreibt Werner in bezug auf Husserl in sein Tagebuch. Heideggers Kunstlehre, nach der sich gerade aus dem Werkhaften, in dem der Gestaltungsakt greifbar wird, die Wahrheit eröffnet, klingt an, wenn Werner notiert: »Wissen und Erkenntnis gewinnt man aus der Wissenschaft. Wahrheit kommt aus einer anderen Dimension. Sie zu erfahren und erfassen muß ich mich ganz leer machen, muß mich hingeben, alle Eitelkeit und alles Besserwissen aufgeben, mich ganz ihr offenhalten.«

# Kollegiengebäude IV (Alte Universitätsbibliothek)

Das heutige Kollegiengebäude IV wurde 1895–1903 als Universitätsbibliothek errichtet: als erstes eigens für diesen Zweck geplantes Bibliotheksgebäude in Freiburg. Bis dahin war die »Bibliotheca academica« im ehemaligen Jesuitengymnasium untergebracht gewesen, dessen Festsaal 1784 nach Plänen des Bildhauers und »cives academicus« Joseph Hörr (1732–1785) zu einem frühklassizistischen Bibliothekssaal vom Typ der traditionellen Einraumbibliothek umgebaut worden war. Seitdem wuchsen die Buchbestände um ein Vielfaches, nicht zuletzt durch den Zugewinn zahlreicher Bücher aus Klosterbibliotheken, die 1803 im Zuge der Säkularisation aufgehoben worden waren. Seit 1891 dachte man an einen Neubau. In enger Zusammenarbeit zwischen dem damaligen Oberbibliothekar Julius Steup, der Großherzoglichen Baudirektion in Karlsruhe (Leitung Josef Durm) und der Akademischen Baukommission entwickelte die Großherzogliche Bezirksbauinspektion Freiburg 1893 das Raumprogramm. Orientiert an gleichzeitig entstehenden Bibliotheksbauten, vor allem der Universitätsbibliothek im benachbarten Basel, vertritt die alte Freiburger UB den Typ einer modernen Bibliothek, in der Magazin einerseits und Benutzung und Verwaltung anderseits klar voneinander getrennt sind. Auf dem spitzwinklig zulaufenden Grundstück wurde über einem fächerförmigen Grundriß im Osten der Magazintrakt und nach Westen hin – in zwei aufeinander zulaufenden Flügeln – Benutzungs- und Verwaltungsbereich um einen Innenhof gruppiert.

Aufgrund der bereits bestehenden Entwürfe übernahm im Sommer 1895 der Architekt Carl Schäfer (1844–1908), der seit dem Vorjahr in Karlsruhe an der Technischen Universität lehrte, die weitere Planung des Gebäudes. Sein Beitrag ist vor allem in der stilistischen Durchgestaltung zu suchen, wobei die unterschiedliche Zweckbestimmung des Magazinbaus im Osten und des Benutzungs- und Verwaltungsbereichs im Nord- und Südflügel nach außen hin sichtbar gemacht wird. Im Gegensatz zu den an Renaissanceformen orientierten Fassadenentwürfen der Bezirksbauinspektion entschied sich Schäfer für eine bei Bibliotheksbauten bislang eher untypische neogotische Ausführung: ein Tribut an die Mittelalterbegeisterung des ausgehenden 19. Jahrhunderts, die – voller Bewunderung für das Freiburger Münster – auch an anderen Stellen der Stadt neugotische Akzente zu setzen suchte. Dies wirkte sich auch arbeitstechnisch aus: Schäfer versuchte nämlich bei der praktischen Umsetzung des Baus an mittelalterliche Bauhüttentraditionen anzuknüpfen. So zog er für den bildhauerischen Schmuck des Gebäudes wie Kapitelle und Wasserspeier den Bildhauer Josef

Worzel aus Karlsruhe heran, der »in alter Art direkt in den Stein hineinzuarbeiten« vermochte. Diese arbeitstechnische Orientierung, fehlende Detailpläne und mangelnde Bauaufsicht ließen den Bau 1901 ins Stocken geraten. 1903 konnte das Gebäude bezogen werden.
1944 wurde die Südfront des Gebäudes zerstört. Beim Wiederaufbau 1957 setzten die Architekten Walter Müller und Günther Hornschuh einen kastenartigen Einbau aus Sichtbeton und Glas ein, der die historische Architektur kontrastiert. Man wollte nicht rekonstruieren, sondern die Geschichte des Hauses denkmalhaft sichtbar machen. Nach innen hin trug man der stark angewachsenen Zahl der Benutzer durch einen neuen großen Lesesaal Rechnung, der in den früheren Innenhof eingebaut wurde. Nachdem die Universitätsbibliothek 1978 in ein neues Gebäude umgezogen war, wurde die alte Bibliothek 1985 zum Kollegiengebäude IV umgebaut.

Literatur:
Angela Karasch: Der Carl Schäfer-Bau der Universitätsbibliothek Freiburg (1895–1903), Freiburg i.Br. 1985 (Schriften der Universitätsbibliothek Freiburg im Breisgau, 9), Zitat S. 48. – Gerd Schmidt: Bibliotheca Universitatis – Ein Streifzug durch die Vergangenheit, in: FUB 64 (Juli 1979), S. 35–42. – Josef Hermann Beckmann: Die Universitätsbibliothek Freiburg i.Br. Aus Vergangenheit und Gegenwart, in: Freiburger Almanach 16 (1965), S. 57–64. – H.-D. Rösiger: Der Wiederaufbau nach 1945, S. 100–105. – Neue Architektur in Freiburg, Nr. 18. – P. Kalchthaler: Freiburg und seine Bauten, S. 62–66.

**Franz Gutmann (*1928)**

## 77. Türgriff »Eule«

Messing, 1957
Standort: Osteingang

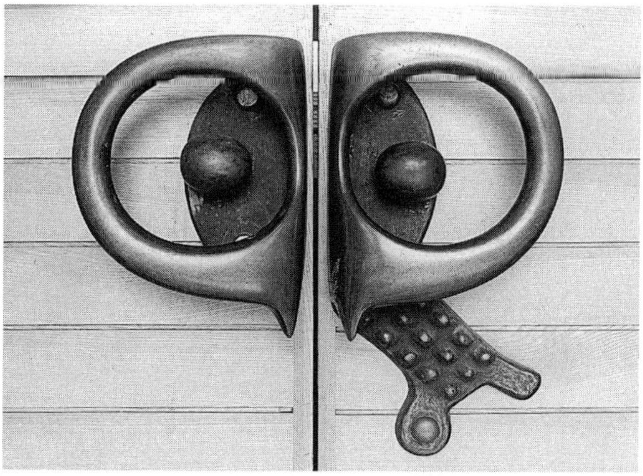

**Franz Gutmann (* 1928)**

## 78. Gedenkplatte

**für die im Zweiten Weltkrieg gefallenen und beim Bombenangriff auf Freiburg 1944 umgekommenen Mitarbeiter der Universitätsbibliothek**

Sandstein, 1957

Standort: Osteingang

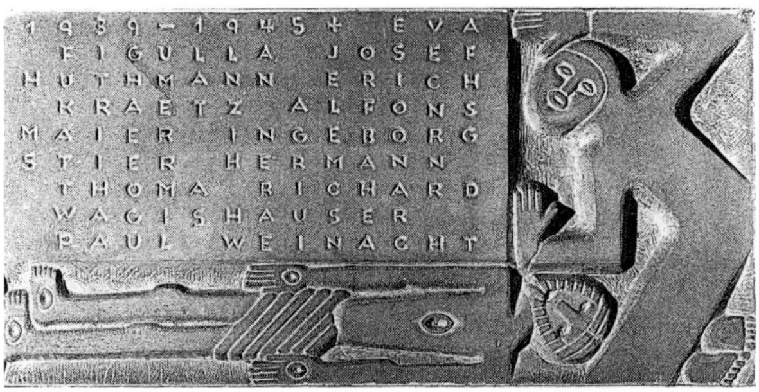


**Erik Kruse (* 1910)**

## 79. Stahlblechtüren mit Reliefs

Eichentüren, mit Stahlplatten beschlagen; Handgriffe geschmiedet, Ausführung Werkstatt Schuler, 1959/60 (Höhe: 260 cm, ohne Abb.)

Standort: 2. OG, R. 4227

**Erik Kruse (*1910)**

## 80. Tür mit Metallgitter

Tür: Flacheisen, schwarz, und Eisenplatten, roh gescheuert (250 × 300 cm), 1959

Gitter: Eisen (250 × 300 cm), 1959 (ohne Abb.)

Standort: 2. OG, R. 4226

**Hans Uhlmann (1900–1975)**

## 81. Schwebende Skulptur

Messing- und verchromte Stahlrohre, 1957 (200 × 310 × 150 cm)

Standort: EG, Foyer, Aufgang zur Verbundbibliothek

Hans Uhlmann hat seine nahezu schwerelos transparent wirkende Skulptur für einen Raum geschaffen, dessen Eigenart sich aus dem Kontrast zwischen den massiven Raumgrenzen und dem sich nach oben hin öffnenden Treppenloch der im Halbrund aufsteigenden Treppe ergibt. Die freischwebenden Elemente reagieren auf diese Situation, sich senkend oder frei sich aufrichtend. Je nach Blickwinkel des Betrachters fächert sich das Gestänge im Raum auf oder kulminiert zu einem dichten Gitterwerk sich überschneidender Linien. An den Enden markieren kreisförmige Scheiben den Richtungswechsel des umfassenden Messinggestänges und wirken so wie Drehpunkte der Bewegung im Raum.

**Alfred Hrdlicka (*1928)**

## 82. Marsyas I

Bronzeguß, 1985, nach Marmorfassung (1964 beim Transport zerstört), 1959–62 (253 × 54 × 57 cm)

Standort: Haupteingang, Werthmannplatz

Alfred Hrdlickas Thema ist der leidende, bedrohte, geschundene Mensch. Der Titel des Werkes »Marsyas« scheint auf Mythologisches anzuspielen.

Der Satyr Marsyas war mit seiner Flöte in überheblicher Selbstüberschätzung gegen Apoll zum musikalischen Wettstreit angetreten. Der Besiegte sollte dem Sieger bedingungslos ausgeliefert sein. Apoll erwies sich mit seiner Kithara als der Überlegene, da er im Gegensatz zu dem flötespielenden Marsyas zu seiner Musik auch noch singen konnte. Apoll übte sein Siegerrecht aus und ließ Marsyas an einen Baum hängen, um ihm die Haut abzuziehen. In vergangenen Jahrhunderten wurde der Mythos als Warnung vor der Vermessenheit, sich zu viel auf seine Kunst einzubilden, verstanden.

Vor dem Hintergrund der überkommenen Rollenverteilung, in der Apoll als Inbegriff von Geistigkeit mehr galt als der triebbestimmte Satyr, ist der Marsyas Hrdlickas »Inbegriff der Auflehnung gegen Autorität«, ein Mann des Volkes, »der die Obrigkeit, in der Sage also die Gottheit, nicht akzeptiert, sondern herausfordert« (A. Hrdlicka). Zugleich nimmt Hrdlicka das unmenschliche Leid des Geschundenen wahr, das die Mythologie durch moralisierende Auslegungen überdeckt hatte. Sein »Marsyas« klagt alles Leid an, das Menschen einander zufügen, oft unter dem Deckmantel von Siegerrecht und Ideologie, die wie die traditionelle Auslegung des Mythos letztlich nur Beschönigungen von Unrecht sind. Was zählt, ist der zerschundene, schmerzlich überdehnte Körper dieses leidenden Menschen als Mahnung, Anklage und Aufruf zum Widerstand.

# Mensa Hochallee

Direkt an einer baumbestandenen Grünanlage, der »Hochallee«, einem der letzten Überreste der Befestigungsanlage Vaubans aus dem 17. Jahrhundert, liegt der transparente Bau der Mensa. Die Architekten Walter Müller und Günther Hornschuh setzten über ein Untergeschoß aus Sichtbeton eine Stahlskelett-Konstruktion aus Eisen und Glas in der Tradition des Bauhaus-Architekten Mies van der Rohe. Die im Außenbau erreichte Transparenz wird auch im Innenraum angestrebt. Anstelle eines zweiten Geschosses ist eine Empore aus Sichtbeton eingezogen, zu der sich eine Wendeltreppe hochschwingt.

Literatur:
Neue Architektur in Freiburg, Nr. 28. – Otto Freese: Mensa, in: Festschrift KG II, S. 20ff.

**Bert Jäger (*1919)**

## 83. Keramikwand

Karlsruher Majolika, 1960

Ausführung: Staatliche Majolika-Manufaktur Karlsruhe

Die relativ dunkle und niedrige Eingangshalle der Mensa ist ein Durchgangsraum. Um ihr ein optisches Ziel zu geben, beauftragten die Architek-

ten Bert Jäger mit dem Entwurf einer Keramikwand. Durch das von oben einfallende Licht sollte sie für die Eintretenden Anziehungskraft gewinnen, um dann hochzuleiten in den Speisesaal. Auf großer Fläche entfaltet sich ein freies Spiel von Flächen und Linien, die untereinander und auf die Formen der sie umgebenden Architektur reagieren. Die ursprünglich intendierte Licht- und Raumwirkung ist heute allerdings durch Einbauten und durch die inzwischen notwendig gewordene gegenläufig zur Haupttreppe verlaufende Zusatztreppe beeinträchtigt, die den Lichteinfall nach unten verhindert und die großzügige Farbfläche durchschneidet. Die Abbildung zeigt den Zustand vor dem Einbau der Zusatztreppe.

## Universitätsbibliothek

Auf dem Gelände des alten Rotteck-Gymnasiums entstand 1972–1978 die neue Universitätsbibliothek nach Plänen der Staatlichen Hochbauverwaltung und des Universitätsbauamtes Freiburg. Um den geplanten Abbruch des Gymnasiums, eines Neorenaissancebaus aus dem 19. Jahrhundert, erbaut von dem Karlsruher Architekten Heinrich Lang, entstand 1969 eine heftige Debatte. Die Entscheidung fiel schließlich zugunsten eines funktionstüchtigen, modernen Bibliotheks-Neubaus in unmittelbarer Nähe des geistes- und sozialwissenschaftlichen Zentrums der Universität. Mit drei Tiefgeschossen und – über einem Erdgeschoß – fünf Obergeschossen nebst Dachgeschoß für technische Einrichtungen nutzt der Bau das vorhandene Grundstück optimal aus. In der Höhe (wie auch in der farbigen Bemalung des Betons) ist er an dem gegenüberliegenden Kollegiengebäude I orientiert, zur Milchstraße und zum Theater hin versucht er der niedrigeren, kleinteiligeren Bebauung der Nachbarschaft gerecht zu werden. Die Bedeutung dieses Bibliotheksbaus liegt jedoch zweifellos in seiner (in enger Zusammenarbeit mit Vertretern der Bibliothek erarbeiteten) Funktionstüchtigkeit in Hinblick auf Buch und Leser: als ›Bücherspeicher‹, der die alten Bestände angemessen zu bewahren hat und die Mengen an Neuerwerbungen auch auf Jahre hin aufzunehmen im Stande ist einerseits und in seiner benutzerfreundlichen organisatorischen und technischen Ausstattung anderseits, die versucht, dem Einzelbenutzer auch in einem Massenbetrieb gerecht zu werden.

Literatur:
Die neue Universitätsbibliothek (Beiträge von Wolfgang Kehr, Ekkehard Arnold, Hansjürgen Maurer, Gerd Schmidt, Winfried Hagenmaier und Ortwin Müller), in: FUB 64 (1979). – Angela Karasch: Denkmalschutz und Neubauplanung, oder: Der Abriß des Rotteck-Gymnasiums, eine »Chronik der Vernichtung«?, in: Tradition – Organisation – Innovation. 25 Jahre Bibliotheksarbeit in Freiburg. Wolfgang Kehr zum 60. Geburtstag. Vorgelegt von Mitarbeitern der Universitätsbibliothek und anderer wissenschaftlicher Bibliotheken in Freiburg i.Br., hg. von Albert Raffelt, Freiburg 1991 (Bibliothekssystem der Albert-Ludwigs-Universität Freiburg im Breisgau, Informationen, Sonderheft 1), Bd. 2, S. 184–241. – Neue Architektur in Freiburg, Nr. 77.

**Peter Dreher (*1932)**

## 84. Selbstporträts im Erdgeschoß der Universitätsbibliothek

Öl auf lackiertem Stahlblech, 1977–1979 (vgl. auch Abb. im Farbteil des Anhangs)

Standort: Blechverkleidung im Erdgeschoß, Sedanstraße, Ecke Milch-/Belfortstraße, Hallenausgang Milchstraße, Rundung nördlich der Tiefgaragenausfahrt

Ein Maler malt sich – als Maler im Arbeitsanzug, mit Pinsel und Palette: eine Reihe von 65 Selbstbildnissen, entstanden in drei Phasen in den Jahren 1977–1979. In der Tradition steht das Selbstporträt zwischen Selbstdarstellung, Selbstbefragung und Selbstbekenntnis. Hier jedoch wird der Blick auf das eigene Ich in der nüchternen Art einer Chronik präsentiert, mit genauer Angabe des Datums und der benutzten Farben.

Seit 1974 hat sich Peter Dreher ein Exerzitium auferlegt, dessen bislang auf etwa ein Tausend gewachsene Bilderreihe er unter das Motto einer chinesischen Weisheit gestellt hat, »Tag um Tag ist guter Tag«: Bilder immer desselben Glases, abends unter immer denselben Bedingungen gemalt, ohne absichtlich zu variieren – und doch entstand nie das gleiche Bild. Ähnliches erprobt Peter Dreher hier an einem der persönlichsten ›Bildgegenstände‹ der Malerei, eben dem Selbstbildnis. Anders als bei der Gläserreihe, verzichtet er darauf, absolute Gleichheit der Bilddisposition erreichen zu wollen. Die Bildausschnitte wechseln: Brustbild, Ganzfigur, einmal auch zusammen mit dem Sohn, zuweilen nur eine Gesichtsstudie. Der Blickwinkel jedoch bleibt stets gleich, diktiert durch den Blick in den Spiegel als notwendiges Hilfsmittel des Malers bei der Wiedergabe seiner äußeren Erscheinung. Folgerichtig sind die Porträts alle spiegelverkehrt.

Es geht ihm um die Wiedergabe der äußeren Erscheinung durch das Malen, um tägliche Bestandsaufnahme durch den Blick auf die Erscheinung. In der Reihung wird deutlich, was der Maler beabsichtigte, nämlich nicht, seinen »Bildgegenstand« einer besonderen Bedeutung wegen zu malen, sondern vielmehr den Akt des Wahrnehmens und des Malens bewußt zu machen:

das offene Bekenntnis zu der Tatsache, daß eigentlich Malen an sich schon Selbstdarstellung ist. In der Tat, hier hat sich einer ›verewigt‹. Dies hätte er freilich auch getan, wenn er einen anderen Bildgegenstand gewählt hätte. Peter Dreher legt hier in doppelter Weise – durch seine Malerei und durch seinen ›Bildgegenstand‹ (die eigene Erscheinung im Augenblick des Malens) – den Anteil der Persönlichkeit am Malen offen. Sein Objekt ist eigentlich das malende Subjekt. Die Mittel, die zur Entstehung des Bildes führen, werden zum eigentlichen Bildgegenstand: die Farben und der Pinsel in der Hand des Malers und vor allem sein Blick, seine Wahrnehmung, die selbst bei dem Versuch ›objektiver‹ Wiedergabe doch stets subjektiv ist, jeden Tag neu.

Die Besucher der Universitätsbibliothek begegnen hier einem Menschen, der gegen die Gewöhnung, gegen die Abstumpfung der Wahrnehmung im Alltag angemalt hat, nicht etwa durch Abwechslung im Motiv, sondern im Gegenteil durch das Wagnis, auch das noch so Alltägliche immer von Neuem wahrzunehmen.

## Die Archäologische Sammlung der Universität

Standort: Erdgeschoß

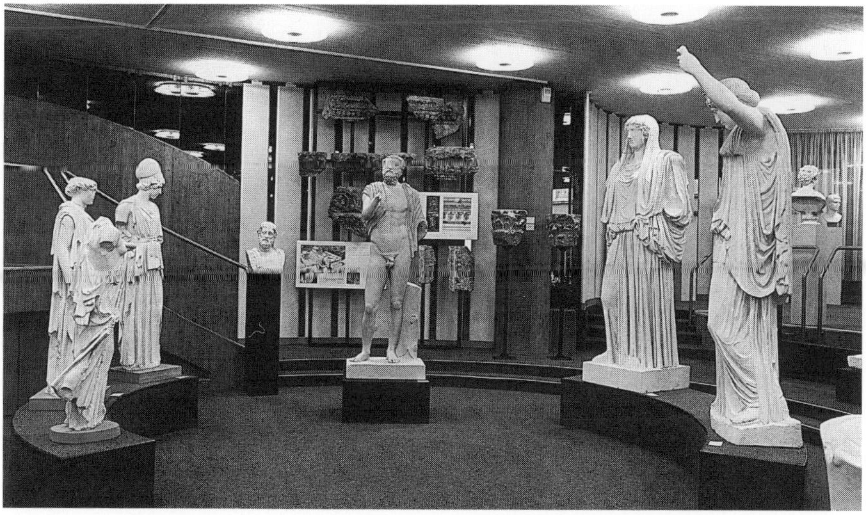

Die Archäologische Sammlung der Universität umfaßt trotz des 1944 erfolgten Totalverlustes wieder über 600 Abgüsse von Skulpturen und Architekturteilen der griechisch-römischen Antike (7. Jh. v. Chr. bis 5. Jh.

v. Chr.). Dazu kommen einige griechische Vasen, eine didaktische Scherbensammlung und kaiserzeitliche Architekturfragmente aus dem Jupiterheiligtum von Heliopolis (Baalbek/Libanon). Nur ein kleiner Teil der Sammlung ist im Erdgeschoß der UB in halbjährlich wechselnder Auswahl ausgestellt. Kostbare Leihgaben aus Freiburger Privatbesitz, z.B. griechische und etruskische Vasen, ein römisches Marmorporträt und maßgleiche Kopien pompejanischer Wandmalereien runden den Bestand ab. Die durch Beschriftungen und ein Führungsblatt erläuterte Ausstellung will die wichtigsten Gattungen der antiken Kunst in ihrem epochalen Formenwandel veranschaulichen. (V.M. Strocka)
Geöffnet montags bis freitags 14–19 Uhr. Eintritt frei.
Führungen sonntags 11 Uhr und nach Vereinbarung (Tel. 0761/203-3073)

**Joachim Schmettau (*1937)**

## 85. Mann und Frau, Brückenfiguren

Carrara-Marmor, 1978
Standort: Fußgängerbrücke zur Universitätsbibliothek

Das Thema von Joachim Schmettaus bildhauerischen Arbeiten ist der Mensch: Bilder vom Menschen, oft, wie auch hier, in Gruppierungen, die Spannungen und Balance herstellen zwischen den Figuren und zu ihrer

Umgebung, auf die sie Bezug nehmen und reagieren. Aufgebaut auf den beiden Brückenpfeilern, zwischen denen sich die Fußgängerbrücke zur Universitätsbibliothek spannt, sind beide Figuren innerlich miteinander verbunden durch die Spannung zwischen lastender Blockhaftigkeit und aufragender Säule, zwischen Ruhen und Stehen, zwischen Weiblichem und Männlichem, zwischen Besinnung und Beobachtung, zwischen Verinnerlichung und Kontaktaufnahme nach außen.
Auch durch die Umgebung bedingte Situationen sind hier im Stein verdichtet. Nach hinten nimmt die meditative Frauengestalt Bezug auf den Gestus der Trauernden des Gefallenenmahnmals (Nr. 41), nach vorn ist ihr Blick auf die Bibliothek als Ort der Ruhe, der Konzentration und des Nachdenkens gerichtet. Den Blick des aus der Bibliothek Heraustretenden, der von erhöhtem Standort hinunterblickt auf die belebte Straße, der hinüberblickt zur Stadt, wo sich das tägliche Leben abspielt, greift die Figur des Stehenden auf, der nicht nur mit dem Blick, sondern mit seiner gesamten Haltung aus der Brückenachse herausgerichtet ist. Expressive Gebärden (wie etwa in der Plastik von Alfred Hrdlicka vor dem KG IV) sucht man hier vergeblich. Ausdruck ist hier bewußt reduziert auf allereinfachste Gesten: die blockhafte Geschlossenheit der Sitzenden hier, die ausgestreckte Hand des aufrecht Stehenden dort, die an der wie gedrechselt wirkenden Figurensäule um so bezeichnender wirkt. Leben und Bewegung entfalten sich um diese Figuren herum, im steten Kommen und Gehen, im Austausch zwischen Hüben und Drüben über die Brücke.

**Klaus Jürgen-Fischer (*1930)**

## 86. »Komplexion«

Öl auf Leinwand, 1977 (105 × 80 cm)
Standort: 2. OG, Sachkatalog (206/F1)

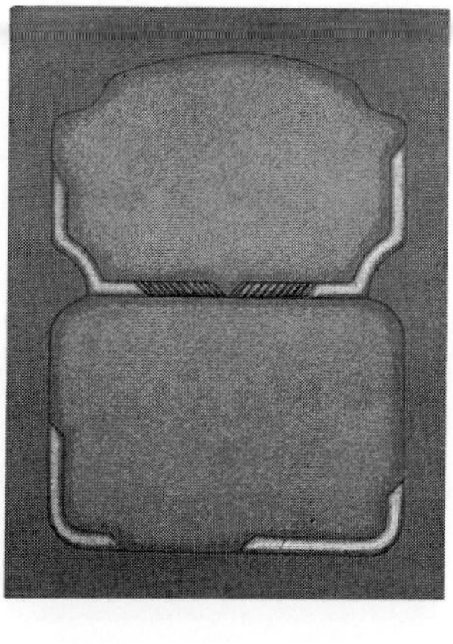

Klaus Jürgen-Fischers Malpraxis ist kunsttheoretischer Natur. Er versucht, formale und inhaltliche Gegensätze, Traditionelles und Progressives zu vereinigen, wie etwa die Spannung zwischen Figuration und Abstraktion, eines der Grundthemen der klassischen Moderne. In die grüne Bildfläche, Strich um Strich in altmeisterlicher dünner Lasurmalerei aufgetragen, ist eine Binnenform eingeschrieben, die sich exakt zur Bildmitte hin kordelartig konkretisiert, gleichzeitig aber – ohne jegliche im herkömmlichen Sinne abbildende Funktion – den Bildraum definiert: Bildmitte, Links und Rechts, Symmetrie und Asymmetrie, Oben und Unten. Unten lagert ein Rechteck mit abgerundeten Ecken, die unten durch dicke weiße Ränder zusätzlich verfestigt und beschwert werden. Oben erhebt sich ein gleichfalls fast symmetrisches Gebilde, dessen weiße Umrandung nach oben hin aufsteigend ausklingt und das sich in die Fläche ausrollt, so daß die helle Binnenform nach oben hin nur von einer klaren dunklen Linie beschlossen wird, an den Ecken ein- und wieder ausschwingend und zur Mitte hin sich leicht wölbend – malerisches Nachdenken über Konkretisierungen von Farbe, Linie und Fläche, über Innen und Außen, Oben und Unten im Bildraum.

**Jürgen Brodwolf (*1932)**

## 87.–88. Zwei Figurentücher

Rupfen, 1979 (je 220 × 150 cm)
Standort: Hauptgeschoß (2. OG), Bibliographie

Jürgen Brodwolfs Werk kreist um die menschliche Figur in ihrer Veränderlichkeit und Vergänglichkeit. Seine Tubenfiguren weiterentwickelnd, versucht Brodwolf seit 1973, den plastischen Figurenkörper wieder in die Fläche zurückzunehmen, ohne – wie etwa in einem Gemälde – die konkrete Stofflichkeit aufzugeben. Schablonenhafte Leinwandfiguren werden auf verschiedene Weisen verändert: angesengt, umwickelt, konserviert, freigelegt, auf eine Fläche übertragen, abgelöst. Aus solchen Arbeitsprozessen entstanden seit 1975 auch großformatige Figurentücher.

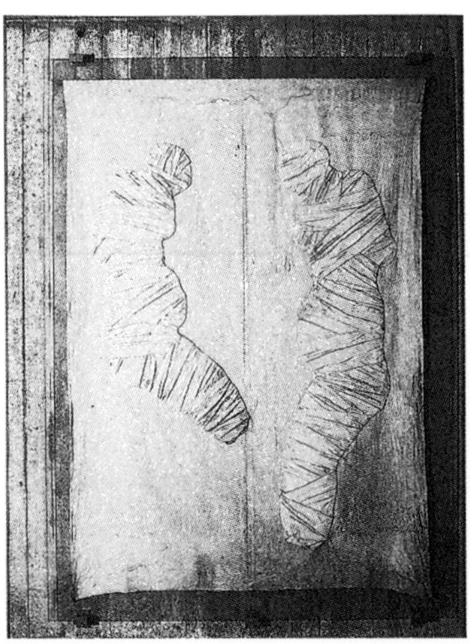

Die bandagierten Figurenumrisse wirken wie Mumien, in denen Spuren menschlichen Lebens konserviert sind, ahnbar im Hintereinander und im Zueinander – eine Körpersprache, die in einfachsten Vokabeln von Einsamkeit und Zuwendung spricht. Erinnerungen an christliche Bildtraditionen wie etwa den aus dem Grabe erstehenden Lazarus erhalten hier eine neue Deutung. Was an Totenkult zu erinnern scheint, wird zu einer ›Konserve‹ des Lebens, die auf die Zukunft gerichtet ist.

**Romuald Hengstler (*1930)**

## 89. »104/78«

Acryl auf Leinen, 1978 (200 × 80 cm)
Standort: 3. OG, Flur Verwaltung (ohne Abb.)

Datierungen: was der Künstler sonst als Abschlußdatum seiner Arbeit ins Bild zu setzen pflegt, fügt sich zu einer Reihe von aus dem Augenblick heraus gesetzten Daten – Zeitzeichen, aneinandergereiht und einander überlagernd. Farben: die Elemente der Malerei, die der Künstler sonst zu einem ›Bild‹ zusammenfügt, reihen sich aneinander, überlagern sich. Was zu Anfang klar und eindeutig auf weißem Grund geschrieben, was als leuchtkräftiger Farbstrich auf die Leinwand gemalt ist, wächst zu einem undurchdringlichen Gespinst von Daten und Linien. Die einzelne Farbe verschwindet im Dunkel, das alle Farben aufsaugt. Ganz anders als bei Peter Dreher (Nr. 84), der wie in einem Tagebuch sorgfältig Tag um Tag Bildnis um Bildnis aneinanderreiht, fügen sich bei Hengstler Chronogramm und Chromogramm auf der Bildfläche zu einer ›Zeitfläche‹, wird das Bild zu einem Zeit- und Farbspeicher.

**Karin Bilyk (*1941)**

## 90. Porträt in Erinnerungs-Schicht (Le visage intérieur de Hans Bender)

Bronze (S.G.) 1/6, 1987/88 (100,7 × 12 × 8,3 cm)
Leihgabe der Stadt Freiburg
Standort: 3. OG, Flur Verwaltung

Legen wir den Kopf nach links und betrachten die schmale Bronzestele um 90 Grad gedreht, so haben wir ein Landschaftsmodell vor uns, das einer Schichtstufenlandschaft ähnelt, wie sie zum Beispiel auf der Schwäbischen Alb zu finden ist. Erdprofile, die ahnen lassen, daß hier Tausende von Jahren Spuren an der Oberfläche hinterlassen haben, deren Tiefenschich-

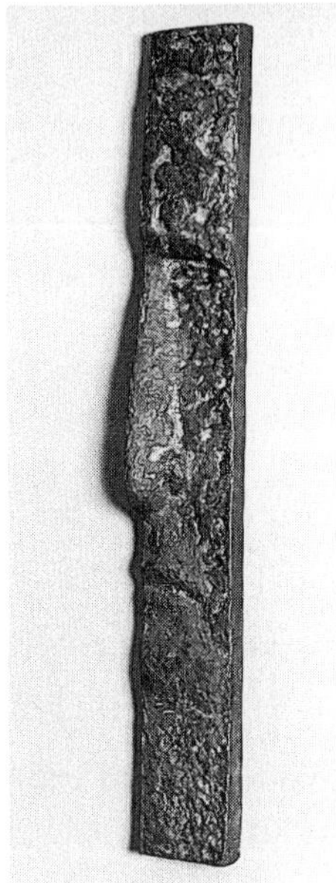

ten wissenschaftliche Zeichnungen oft in gedanklichem Vertikalschnitt offenzulegen suchen. Hier handelt es sich jedoch um ein menschliches Gesicht, nicht horizontal und passiv liegend wie eine Landschaft, sondern vertikal aufgerichtet. Ein Gesicht allerdings, das seine Sinne nicht nach außen richtet, sondern – nicht minder aktiv – nach innen zu blicken, zu lauschen scheint, ausgerichtet auf den tiefen Grund, aus dem es entstanden ist. Diesen Grund kann jedoch auch der Vertikalschnitt nicht völlig offenlegen. Karin Bilyk hat das Porträt des Freiburger Parapsychologen Hans Bender (1907–1991) in intensiver Auseinandersetzung mit Werk und Person des Porträtierten geschaffen – ein Versuch, außersinnliche Wahrnehmung mit den sinnlichen Mitteln der Kunst darzustellen.

Es gibt einen guten Grund, in der Universitätsbibliothek an Hans Bender zu erinnern, der von 1946 an in Freiburg lehrte und 1950–76 das von ihm gegründete Institut für Grenzgebiete der Psychologie und Psychohygiene leitete: Die Universitätsbibliothek verwaltet die seit 1973 von der Deutschen Forschungsgemeinschaft finanziell geförderte Spezialbibliothek für Parapsychologie.

## 91. Buchobjekte

Standorte: 4. und 5. OG, Lesesaal I und II (in Auswahl)

In einer Zeit, in der neben Radio und Fernsehen Mikrofiches, Disketten und Kassetten mehr und mehr die Medienlandschaft prägen und das Buch als Informationsspeicher zu ersetzen suchen, haben sich viele Künstler wieder auf das Buch besonnen, haben es auf verschiedene Weise neu gedeutet und verarbeitet. Nur in den seltensten Fällen dienen die so entstandenen Buchobjekte noch auf herkömmliche Art der Informationsvermittlung. Doch obwohl das Lesen von Buchstaben, Wörtern und Sätzen hier in der Regel kaum noch möglich ist, fordern sie den Betrachter auf, genau hinzuschauen, genau zu lesen, um die Sprache des Materials und der Formen zu verstehen, um ästhetisch vermittelte Botschaften zu empfangen. Diese Botschaften sind formuliert in Objekten, die Form und Funktion des Buches künstlerisch reflektieren oder in denen vorgefundene oder vom Künstler selbst geschaffene Bücher zu einer eigenen künstlerischen Aussage weiterverarbeitet sind.

Ein Großteil der Buchobjekt-Sammlung in der Freiburger Universitätsbibliothek stammt aus einer von Studierenden der Kunstgeschichte erarbeiteten Ausstellung »buchobjekte«, die 1980 im Ausstellungsraum der Universitätsbibliothek zu sehen war. Dieser Grundstock wurde um weitere Arbeiten ergänzt, darunter einige Dauerleihgaben des Regierungspräsidiums Südbaden. In wechselnden Ausstellungen wird stets eine Auswahl in den Lesesälen I und II in Vitrinen der Öffentlichkeit präsentiert. Eine Einführung in die Geschichte der Buchobjekte als einer eigenen Gruppe in der Kunst unserer Zeit sowie Einführungen zu einzelnen Werken bietet der 1980 zur Ausstellung »buchobjekte« erschienene Katalog.

Literatur:
»buchobjekte«. Ausstellung in der Universitätsbibliothek Freiburg im Breisgau vom 13. Juni bis 10. Juli 1980. Veranstalter: mulator-verein zur förderung zeitgenössischer kunst. – Veronika Mertens: Bilder, Bücher und Steine.

Folgende Nummern sind auf der folgenden Seite abgebildet:
B2, B9, B18, B23

B1 Attilio Antibo: »Libro – Terra« (Erdbuch), 1974
Ausst.-Kat. »buchobjekte« Nr. 1 (dort mit Abb.).

B2 Burkhart Beyerle (*1930): »Buch Stein« (»eheu/fugaces/Postume P(o)stume/labuntur/anni«). Vgl. folgende Abb.

B3 Jürgen Brodwolf (*1932): Figurenbuch: »Auflösung einer Figur in 7 Phasen«, 1980.

B4 Jürgen Brodwolf: Durchreibeheft vom Freiburger Figurenbuch, 1982.

B5 Jürgen Brodwolf / Christoph Brodwolf: Lichtdruck nach dem Freiburger Figurenbuch, 1981.

B6 Bruno Conte (*1930): »CRIPTOLARIUM«, 1977
Ausst.-Kat. »buchobjekte« Nr. 16 ( dort mit Abb.).

B7 Denmark (*1950): Buchbrett, 1979
Ausst.-Kat. »buchobjekte« Nr. 18 (dort mit Abb.).

B8 Jens Dittmar (*1950): »Complete Commentary«, 1979
Ausst.-Kat. »buchobjekte« Nr. 20 (dort mit Abb.).

B9 Hermann Gruber (*1938): buchobjekt. Vgl. folgende Abb.

B10 Elisabetta Gut: »Seadbook: Libroseme« (Samenbuch), 1979
Ausst.-Kat. »buchobjekte« Nr. 32 (dort mit Abb.).

B11 Franz Gutmann (*1928): buchobjekt: HOMO, 1972
Leihgabe des Regierungspräsidiums Südbaden.

B12 Franz Gutmann (*1928): Homo (kleines Buch)
Leihgabe des Regierungspräsidiums Südbaden.

B13 Axel Heibel (*1943): »Buchobjekt E«, 1979
Ausst.-Kat. »buchobjekte« Nr. 33 (dort mit Abb.).

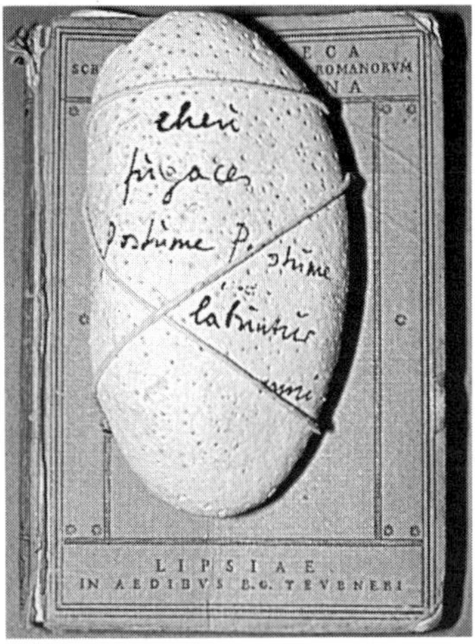

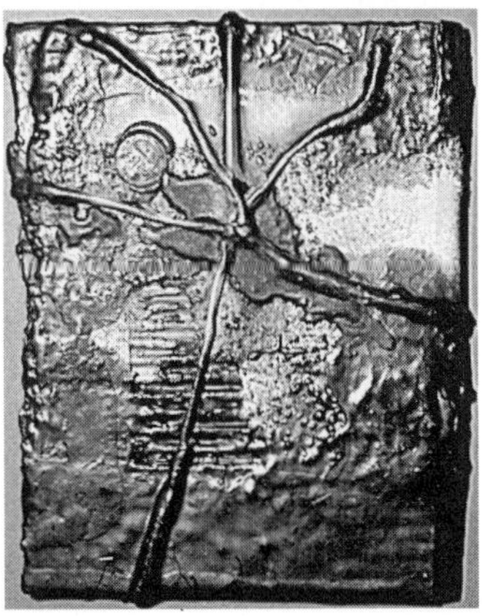

B14 Jan Hubertus (*1920): »Meru II«, 1980
Ausst.-Kat. »buchobjekte«, vgl. Nr. 37 (dort mit Abb.).
B15 Regula Huegli (*1936): Buchobjekt mit Stein, 1979
Ausst.-Kat. »buchobjekte« Nr. 39 (dort mit Abb.).
B16 Reinhard Klessinger (*1947): »Atelierfenster I«, 1978
Ausst.-Kat. »buchobjekte« Nr. 45 (dort mit Abb.).
B17 Ludwig Köhler (*1955): »Des Köhlers Buch«, 1980.
B18 Kubach-Wilmsen (*1936 und 1937): »Schnapsbuch«. Vgl. Abb.
B19 Maria Lai (*1919): »UNA STORIA«, 1980
Ausst.-Kat. »buchobjekte« Nr. 50 (dort mit Abb.).
B20 László Lakner (*1936): Tribal Object (Stammstück, Buchaxt), 1974
Ausst.-Kat. »buchobjekte«, vgl. Nr. 52 (dort mit Abb.).

B21 Jürgen Palmtag (*1951): »17 Profile 3 Baggerzähne«, 1979/80 Leihgabe des Regierungspräsidiums Südbaden.

B22 Timm Ulrichs (*1940): »Handlese-Kunstbuch« (Chiromantisches Manuskript), 1966/77; Ausst.-Kat. »buchobjekte« Nr. 73 (dort mit Abb.).

B23 Raymond E. Waydelich (*1938): »Versteinertes Buch«, 1978 Leihgabe des Regierungspräsidiums Südbaden, Ausst.-Kat. »buchobjekte« Nr. 79,2. Vgl. Abb.

B24 Raymond E. Waydelich: »Für die Zukunft restauriertes Buch«, 1979, Leihgabe des Regierungspräsidiums Südbaden, Ausst.-Kat. »buchobjekte« Nr. 80,2.

B25 Raymond E. Waydelich: »Unlesbar restauriertes Buch« (Lydia Jacob), 1979, Leihgabe des Regierungspräsidiums Südbaden, Ausst.-Kat. »buchobjekte« Nr. 81,3.

## Anmerkungen zu den Freiburger Buchobjekten

Auch wenn aus jedem der Buchobjekte eine eigene künstlerische Sprache herauszulesen ist, so lassen sich doch Gruppen zusammenstellen, die um verwandte Motive und Gedanken kreisen. So arbeiten Elisabetta Gut (B 10) und Jan Hubertus (B 14) vor allem mit den besonderen ästhetischen Qualitäten beschriebenen Papiers, das als ein aus der Natur gewonnener Stoff zum Träger von Gedanken und Zeichen wird, die die kleinste Frucht wie das gesamte Universum auf geheimnisvolle Weise geistig durchdringen. An das alte Bild von der Natur als göttlichem Weltbuch knüpfen auch andere Arbeiten an, etwa Attilio Antibos »Libro Terra« (B 1), Regula Hueglis Buchobjekt mit Stein (B 15), Kubach-Wilmsens Steinbücher (B 18) oder – auf den Menschen bezogen – die Objekte von Franz Gutmann (B 11 und 12) und Timm Ulrichs (B 22). Während letzterer in seinem »Handlese-Kunstbuch (chiromantisches Manuskript)« die eigenen Hände als autobiographisches Dokument verewigt, gestaltet Gutmann in seinen »Homo« betitelten Buchobjekten die lebendige menschliche Begegnung und die Einsamkeit der dunklen Sargkammer als Möglichkeiten und Pole, zwischen denen sich Menschenleben entfaltet.

Während die einen Buchobjekte sich dem Betrachter öffnen und ihm ihre wenngleich auch oft rätselhaft geheimnisvolle Schrift darbieten wie etwa »Una Storia« von Maria Lai (B 19), so sind andere verschlossen, versiegelt, verschnürt, versteinert, konserviert in Wachs oder Beton. Hermann Grubers Buchobjekt (B 9) deklariert sich nicht seinem Inhalt, sondern seiner äußeren Erscheinung nach als Botschaft, als verschnürte und versiegelte Sendung. Jens Dittmars unzugänglich gemachter »Complete Commentary« (B 8) ist bewußte Verweigerung von Information als Demütigung der

›Konservenmentalität‹ derer, die meinen, »mit dem Besitz eines Buches dessen Inhalt internalisiert zu haben« (vgl. Ausst.Kat. »buchobjekte«, S. 45). Destruktion wird Mittel zur Neubesinnung auf die eigenen Reserven der Empfindung und des Geistes. Eine andere Zielrichtung hat Raymond E. Waydelich, dessen Objekte (B 23–25) Zustände einer Zukunft vorwegnehmen, der die Inhalte unserer Bücher verschlossen sind, Fossilien einer Kultur, Konserven einer Vergangenheit, die uns noch Gegenwart ist.
Immer war mit dem Niederschreiben der Wunsch verbunden, Flüchtiges zu bewahren. Dieses Thema schlägt auch Burkhart Beyerle mit seinem »Buch Stein« (B 2) an. Während der Stein zum Träger einer geschriebenen Klage über die flüchtig hineilenden Jahre wird, hält er – wie ein Briefbeschwerer auf einer Ausgabe der Bibliotheca Teubneriana liegend – zugleich das Flüchtige fest, wird zum Bewahrer des Vergangenen gegen das unaufhörlich Nachfolgende, bindet die Gedanken. Steine als Bücher, in denen die Geheimnisse der Erdgeschichte bewahrt sind, dies ist das Thema der Steinbücher des Ehepaars Kubach-Wilmsen, Bücher, deren Oberfläche, deren Farbe und Maserung gelesen sein will, mit Augen und Händen (B 18).
So ist gerade die Zeitlichkeit ein immer wieder neu gestaltetes Thema in der Buchobjektkunst. Jürgen Brodwolf arbeitet in seinem Freiburger Figurenbuch als Chronist. Er dokumentiert das Weniger-Werden eines Figurentorsos im zeitlichen Prozeß, die »Auflösung einer Figur in 7 Phasen« (B 3), die der Betrachter nachvollzieht, wenn er Seite um Seite des Buches umschlägt. Obwohl Unikat, ist das Freiburger Figurenbuch vervielfältigt worden, und wiederum hinterläßt der menschliche Figurentorso Spuren – Spuren, die beim Durchreiben der Figuren mit Graphit auf weißem Papier entstanden sind (B 4), Schatten, die das Licht auf empfindlichem Photoleinen hinterlassen hat (B 5). Das Buch übernimmt so die Funktion der konservierenden Mumifizierung, wie sie sich an den bandagierten Mumienfiguren der Freiburger Figurentücher zeigt. Jürgen Brodwolfs Figuren bezeugen die Veränderlichkeit und Vergänglichkeit menschlichen Lebens. Brodwolfs Figurenbuch bewahrt Spuren dieses flüchtigen Lebens für die Zukunft.

**Fritz Winter (1905–1976)**

## 92. »Die Herbstfelder«

Öl auf Leinwand, 1961 (135 × 170 cm)
Standort: Wilhelmstr. 26, Senatssaal (Raum 01014; vgl. auch Farbabb. im Anhang)

Der Titel »Die Herbstfelder« beschwört Bilder aus der Natur, einen Ausschnitt aus einem Jahreszeitenzyklus, jedoch übersetzt in eine abstrakte Bildsprache, in der die bildnerischen Mittel eine eigene, vom Gegenstand losgelöste Dynamik entwickeln. Den Bildgrund bilden ein warmgelbes Farbfeld, gerahmt von zwei leuchtend roten Feldern, zwischen die sich Grau-, Blau- und Brauntöne schieben und dem Raum unterschiedliche Tiefe verleihen. Darüber legen sich – wie auf einer zweiten Malfolie – kräftige schwarze Striche gleich kalligraphischen Schriftzeichen. Sie bringen ein zweites Element ins Bild: Geschwindigkeit, Bewegung, die sich von links oben her entwickelt und schräg nach unten hin abgefangen wird. Vor diesem kalligraphischen Mittelgrund stehen in einer obersten Malschicht weiße Felder wie Lichtreflexe auf der Bildoberfläche. Sie setzen dem Dunkel der ›Schriftzeichen‹ Helligkeit entgegen.

Wohl mögen sich beim Betrachter Assoziationen an bunte Herbstfarben, kahle schwarze Zweige und ersten Reif oder Schnee einstellen, doch ist die Wirklichkeit dieses Bildes nicht in einem illusionistischen äußeren Abbild der Natur zu sehen, genauso wenig wie der Bildraum dieses Gemäldes im Sinne der Zentralperspektive aufzufassen ist. Es sind die klassischen bildnerischen Mittel der Malerei – Farbe, Zeichnung und Helldunkel – die ihre je eigene Dynamik entwickeln: wie drei Stimmen in einem polyphonen Satz. So macht Fritz Winter aus der Vorstellung eines herbstlichen Naturbildes ein Spiel aus Kräften und Gegenkräften, ein künstlerisches Ereignis, das an keinem Punkt verleugnet, Malerei zu sein.

**Kurt Lehmann (*1905)**

## 93. Sitzende

Bronze, 1963 (85 × 57 × 40 cm)
Standort: Wilhelmstr. 26,
Raum –1013

Der weibliche Akt erscheint als plastisches Volumen, streng in Waagerechte, Senkrechte und Diagonale organisiert: ein Bild entspannter Ruhe von geradezu klassischer Ausgewogenheit zwischen naturhafter Körperlichkeit und geometrisch abstrahierender Formstrenge.

# Institutsviertel Nord

Keimzelle des heutigen Institutsviertels war das Krankenspital, das 1826–29 im Rahmen einer Stadterweiterung nach Norden hin von Kreisbaumeister Christoph Arnold an der neu angelegten Hospitalstraße erbaut wurde. Um diesen ersten eigenständigen Krankenhausbau in Freiburg, der von Stadt und Universität gemeinsam getragen wurde und wesentlich dem Betreiben und der planenden Mitarbeit von Johann Matthias Alexander Ecker (vgl. Nr. 26) zu verdanken ist, siedelten sich etwa vierzig Jahre später die ersten Universitätsinstitute der Medizinischen Fakultät an, die damals noch einen Großteil der naturwissenschaftlichen Fächer beherbergte. So entstand hier – abseits des alten Universitätszentrums in der Nähe der Altstadt – ein zweiter Komplex von Universitätsgebäuden. 1867 konnte die Anatomie aus ihrem bisherigen Sitz im Kollegiengebäude am Franziskanerplatz (heute »Neues Rathaus«) in ein neues Gebäude umziehen. In Erinnerung an den Anatomen Alexander Ecker (1816–1887), der – wie sein Vater einst den Klinikbau – den Neubau der Anatomie maßgeblich betrieben hatte, wurde 1890 vor dem Anatomiegebäude eine Büste Eckers errichtet, geschaffen von dem Karlsruher Bildhauer Hermann Volz. Sie steht heute vor der Medizinischen Klinik.

Neben weiteren Klinikgebäuden entstand in den 1880er Jahren eine ganze Reihe von medizinischen Institutsgebäuden: die Pathologische Anatomie (1882–83), das Chemische Laboratorium (1880–82), die Zoologie (1886), die Physiologie (1886) und die Pharmakologie (1914–17). In den 1880er Jahren zogen auch Mathematik und Physik in den Norden der Stadt. Außerdem wurde der Botanische Garten unter Julius von Perleb von der Dreisam an die Sautierstraße verlegt. Durchflossen vom Gewerbebach, gab er dem Institutsviertel seine besondere Prägung. Die rasche Entstehung dieses neuen zweiten Universitätszentrums spiegelt den weit über die Grenzen des Deutschen Reiches hinaus bekannten Ruf der medizinisch-naturwissenschaftlichen Fächer in der Freiburger Universität wider. Diese Bedeutung wurde durch die Umbenennung der ehemaligen »Hospitalstraße« in »Albertstraße« unterstrichen: eine Erinnerung an den Universitätsgründer Erzherzog Albrecht VI. von Österreich. Beim Bombenangriff am 27. November 1944 wurden die Gebäude im Institutsviertel weitgehend zerstört. In den Trümmern des alten Klinikgebäudes von 1829, das seinerzeit noch die Hals-Nasen-Ohren-Klinik beherbergte, starben zahlreiche Patienten und Pflegekräfte.

Als 1949 der Wiederaufbau begann, wurden die völlig zerstörten Krankenhaus-Einrichtungen an dieser Stelle nicht wieder errichtet, denn schon ab

1926 war an der Hugstetter Straße ein großangelegter neuer Klinik-Komplex entstanden, der nach dem Krieg zum medizinischen Zentrum der Universitätsklinik wieder auf- und weiter ausgebaut werden sollte. Einige klinische Fächer wie Pathologie, Rechtsmedizin und Hygiene behielten jedoch ihren Standort am angestammten Platz. Wenige Gebäude waren erhalten geblieben, nur in wenigen Fällen konnte auf den Grundmauern der zerstörten Gebäude wieder aufgebaut werden. Die Gesamtanlage des naturwissenschaftlichen Zentrums der Universität wurde völlig neu gestaltet. Die alten Straßenzüge wurden aufgehoben und die Institute in einer großzügigen Grünanlage entlang dem Gewerbebach angesiedelt. Inmitten dieser Campus-artigen Anlage bilden die Mensa II und der zugehörige Platz eine Art Treff- und Begegnungszentrum. Die Kunstwerke im Institutsviertel wurden zum größten Teil im Zusammenhang mit den Baumaßnahmen angekauft. Einige Institute bewahren künstlerisch gestaltete Porträts von Wissenschaftlern, die mit der Institutsgeschichte verbunden sind. Sofern sie öffentlich zugänglich sind, werden sie hier in Auswahl vorgestellt.

Literatur:
E. Seidler: Die Medizinische Fakultät, S. 96ff. (Die Krankenhausplanung), S. 147–166 (Das Instituts- und Klinikviertel), S. 376ff. (zur Situation nach dem Bombenangriff) und S. 420–426 (Wiederaufbau und Zukunftsplanung). – H.-D. Rösiger: Der Wiederaufbau seit 1945, S. 63–93. – Neue Architektur in Freiburg, Nr. 2 (Institutsgebiet), 8 (Pharmazeutisches Institut) und 34 (Hörsaal Zoologie). – Marie-Luise Back: Die Entwicklung des Freiburger Pharmakologischen Instituts 1907–1972, Diss. med. Freiburg i.Br. 1986. – Helge Körner: Zur Geschichte der Zoologie an der Albert-Ludwigs-Universität Freiburg, in: FUB 86 (1984), S. 59–67.

**Georg Meistermann (1911–1990)**

## 94. Betonglasfenster, 1956

Standort: Institut für Biophysik und Strahlenbiologie, Albertstr. 23, Treppenhaus

Bei der Wandgestaltung aus Beton und Glas handelt es sich um ein Auftragswerk des Universitätsbauamtes für das damalige Radiologische Institut. Georg Meistermann hat sich hierfür auf künstlerische Weise mit dem Gedanken von Strahlungen, Strahlenbrechungen und Durchleuchtungen auseinandergesetzt. So ist auch nicht ein farbig gestaltetes Fenster im herkömmlichen Sinne entstanden, sondern vielmehr eine massive Beton-

wand, die durch Einschnitte durchbrochen und lichtdurchlässig gemacht wurde. Die dominierenden Fensterformen greifen das Motiv von Lichtkegeln auf, die – von links und rechts kommend – den Beton durchschneiden und so das immaterielle Licht mit dem massiven Betonmaterial kontrastieren. Schwarze, organisch geformte Binnensilhouetten steigern die geometrische Wirkung der weißen Lichtkegel: eine der wichtigsten Methoden radiologischen Arbeitens hat Meistermann hier in künstlerischer Form umgesetzt. Die gegenseitige Durchdringung von Licht und Material geschieht jedoch nicht ohne Brechungen. Schmale Betongrate durchschneiden ihrerseits die spitzen Dreieckskegel. Eingestreute Rechtecksöffnungen, die wie schwebend zwischen den drei kräftigen übereinandergelagerten, zielgerichteten Hauptformen eingestreut sind, bringen ein zusätzliches Spannungselement in die Komposition, indem sie nur farbig gefiltertes Licht einlassen. Von außen gesehen, trägt die Wand geradezu Züge eines Reliefs, das stellenweise durchleuchtet erscheint, aber genauso Einschnitte zeigt, die gerade nicht die Wand durchstoßen und so als dunkle Schattenzonen wirken.

**Ernst Wilhelm Nay (1902–1968)**

## 95. »Das Freiburger Bild«

Öl auf Leinwand, 1956 (255 × 655 cm; vgl. auch Abb. im Farbteil des Anhangs)

Standort: Chemie I, Albertstr. 21, Erdgeschoß (Westeingang)

Ernst Wilhelm Nays »Freiburger Bild« zählt zu den bedeutendsten Kunstwerken in Freiburger Universitätsbesitz: ein Hauptwerk nicht nur im Œuvre Nays, sondern auch in der deutschen Nachkriegskunst. Es entstand 1956 als Auftragswerk des Wiederaufbaubüros unter Leitung der Architekten Walter

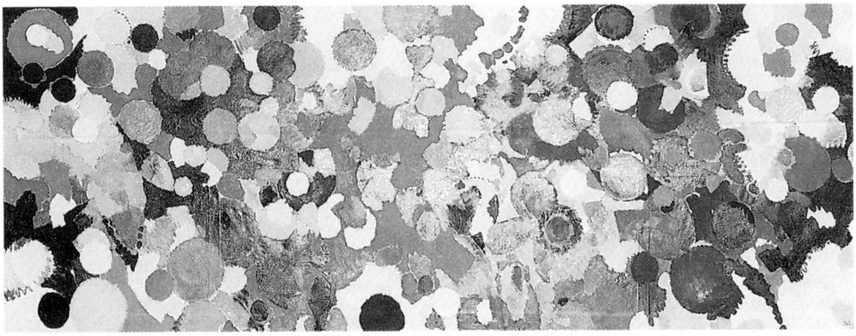

Müller und Horst Linde für die Eingangshalle vor dem großen Hörsaal im neuen Chemiegebäude. Außer den Maßen der für das Werk vorgesehenen Wand gab es keine Vorgaben für den Maler, der so seine künstlerischen Intentionen frei umsetzen konnte.
Um sich auf die Herausforderung des bisher ungewohnten Formats vorzubereiten, hatte sich Nay in den Wochen zuvor in den Schwarzwald zurückgezogen und etwa zwanzig Aquarelle und drei Ölstudien gemalt, die dem Freiburger Bild proportional entsprechen. Es ging darum, diese Fläche als große Einheit zu bewältigen, ohne der Gefahr zu erliegen, Einzelformen additiv aneinander zu reihen. Dies waren jedoch Übungen, deren künstlerisches Ergebnis keineswegs die Form des großen Gemäldes direkt bestimmt hat. Das große Leinwandbild entstand im Herbst 1956 in einem relativ kurzen, intensiven Malakt von etwa drei Wochen in einem Kellerraum unter dem Hörsaal, ohne Entwurf, ohne Vorzeichnung, unter äußerster Konzentration direkt aus der Fläche herausgemalt.
Diese Arbeitsweise gibt zugleich Aufschluß über Nays Auffassung von Malerei, die hinter diesem Werk steht. Der geistig-schöpferische Prozeß, der aus der Farbmaterie Formen entstehen läßt, wird hier ganz elementar ernst genommen. Farbe wird nicht als Träger symbolischer Bedeutungen und auch nicht als ein malerisches Darstellungsmittel unter anderen begriffen, sondern überhaupt als Grundelement der Malerei, die eine Flächenkunst ist. In der glühend zinnoberroten Mitte des Bildes ist die Fläche als »elementare Grundbedingung« formuliert. Über diesem Malgrund entwikkelt sich auf der großen, langgestreckten Leinwand das Geschehen unmittelbar aus den malerischen Mitteln. Von links schiebt sich über die rote Grundfläche ein Knäuel von Farbkreisen, das stark von Grau- und Grüntönen durchwirkt ist. Von rechts stößt – ungleich dynamischer – ein Keil von eindeutig Blau dominierten Farbkreisen zur Mitte hin. Die unterschiedliche Dynamik der linken und der rechten Bildhälfte wird noch unterstützt durch größere gelbe Farbflächen, die links stabilisierend wirken und für die rechte

Seite die Sogwirkung zur Mitte hin noch verstärken. Dunkelblaue Farbkreise nageln die leuchtend gelben Flächen gleichsam fest und wirken so abermals stabilisierend, während oben rechts ein gelber Farbkreis frei über dunklem Untergrund schwebt.

Das Bildgeschehen, das sich in Farbe und Fläche vollzieht, ist die geistige Wirklichkeit dieses Bildes. Diesen Anspruch der ungegenständlichen Malerei Ernst Wilhelm Nays macht ein Vergleich mit einem 45 Jahre zuvor entstandenen monumentalen Werk in der Universität Freiburg noch deutlicher. Der Vergleich mit Hans Adolf Bühlers Prometheus-Fresko (Nr. 50) mag zunächst gewagt erscheinen, doch sind die künstlerischen Probleme, die die beiden Maler zu bewältigen hatten, durchaus vergleichbar: ein monumentales, wandfüllendes Friesformat, die Gestaltung einer Großfläche in Rhythmen, die die kleinformatigen Details zu einem Ganzen zusammenschließen. Nay wird Bühlers Werk gekannt haben. Bei seinen Gängen ins Wiederaufbaubüro im Obergeschoß des Kollegiengebäudes I kam er unweigerlich immer wieder daran vorbei. Ein Motiv wie das durch einen Stein im Kern der Lichtquelle verschattete Feuer unten vor den Knien des Prometheus wird Nay vom Malerischen her durchaus interessiert haben. Ein ähnliches Motiv hat er an der gleichen Stelle in sein Freiburger Bild eingefügt. Bühlers Werk gehört jedoch einer Kunstrichtung an, die Nay und viele seiner Zeitgenossen zutiefst ablehnten. Gerade die ungegenständliche Malerei sollte ein künstlerischer Gegenentwurf sein zu jener konzipierten Kunst, die ihre Geistigkeit aus der Sinnbildhaftigkeit des Mythos bezieht.

Beide Male handelt es sich um ein Schöpfungsbild. Bühler bedient sich des antiken Mythos von Prometheus und seinen Geschöpfen, die erst durch das olympische Feuer – durch Wissenschaften und Künste – zu wahrem Leben erweckt werden. Nays Bild stellt Schöpfung nicht dar, sondern will selbst ganz unmittelbar Schöpfung sein. Es bezieht seine Geistigkeit nicht aus einem sinnbildlichen Programm, sondern aus seiner malerischen Existenz: »Das Geistige ist nicht das Seelische. Das Geistige ist auf gar keinen Fall die denkerische, sogar etwa die intellektuelle Konzeption. Das Geistige ist dort, wo die Gestaltung und das Universum in Übereinstimmung sind. Raum als bildnerischer Gedanke ist die geistige Projektion des Universums als Reales.«

**Kurt Lehmann (*1905)**

## 96. »Laborgeister«

Gipsschnitt, 1954
(ca. 250/295 × 650 cm)
Standort: Chemie I, Albertstr. 21, Dachgeschoß

Der Gesamteindruck der launigen Wandgestaltung, die dem früheren Aufenthaltsraum im Dachgeschoß eine heitere Note geben sollte, ist heute leider durch den Einbau von Büroräumen auf der rechten Seite gestört. Eine Fotografie aus der Zeit kurz nach der Entstehung mag die ursprünglich intendierte Wirkung in Erinnerung rufen.

**Hans Nagel (1926–1978)**

## 97. Röhrenplastik

Stahlblech, farbig lackiert, 1968
Standort: Chemie III, Albertstr. 21, EG (östliche Eingangshalle)

Hans Nagel hat seine Röhrenplastik für die »Hallenlandschaft« im Erdgeschoß des Chemie-Hochhauses geschaffen. Sie setzt dem weitläufigen Raum kraftvolle Formen entgegen und reagiert gleichzeitig auf die durch Treppen und Pfeiler im Raum hervorgerufenen Bewegungsabläufe.

**Dietrich Mohr**

## 98. Messingplastik

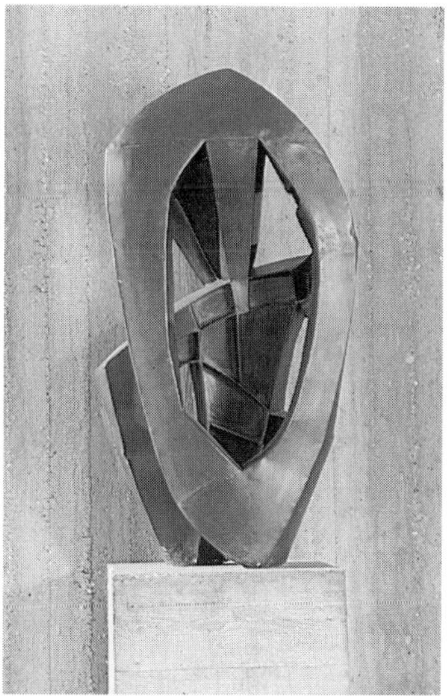

Messingblech, geschweißt, 1964
Standort: Chemie III, Albertstr. 21,
Eingangshalle, vor dem Zoologie-Hörsaal

Im Spannungsfeld zwischen Abstraktion und schöpferischer Naturnachahmung stellt Mohrs Plastik organisches Wachstum dar, wobei Körper- und Raumformen einander durchdringen. Licht- und Schattenzonen sowie die unterschiedlichen Lichtbrechungen auf den konkav oder konvex gewölbten Flächen verleihen der Skulptur optisch zusätzliche Plastizität.

**Emil Krieger (1902–1979)**

## 99. Porträt Heinrich Wieland

Bronze, 1952 (ca. 30 × 23 × 25 cm)
Standort: Chemie III, Albertstr. 21,
Bibliothek

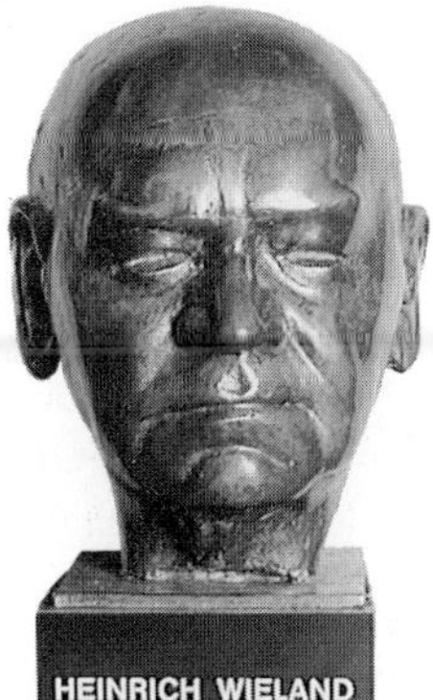


Heinrich Wieland (1877–1957) leitete von 1921 bis zu seiner Berufung nach München (1925) das Freiburger Chemische Institut. Unter seiner Direktion wurde die bislang auf medizinische und naturwissenschaftlich-mathematische Fakultät aufgespaltene Chemie neu gegliedert in eine Anorganische, eine Organische und eine Medizinisch-Pharmazeutische Abteilung. 1927 erhielt Wieland den Nobelpreis für Chemie.
Der Porträtkopf entstand auf Veranlassung des Münchner Inhabers des Lehrstuhls für Organische Chemie Prof. Dr. Rolf Huisgen. Wieland saß dem Künstler in seinem Starnberger Heim Modell. Insgesamt wurden drei Güsse gefertigt: einer für das Münchner Institut, ein zweiter für den

Porträtierten, heute im Besitz der Familie. Der dritte ging an den Farbenfabrikanten Bayer, der das Unternehmen finanziert hatte. Anläßlich der Einweihung des Erweiterungsbaus (Chemie II) stiftete die Bayer AG auf Vermittlung von Prof. Dr. Arthur Lüttringhaus diesen Guß dem Freiburger Institut.

**Alexander Camaro (1901–1992)**

## 100. »Passacaglia«

Öl auf Leinwand (180,5 × 130,5 cm)
Standort: Chemie III, Albertstr. 21, Treppenhaus, EG

»Ein gutes Bild trägt ein Geheimnis, es atmet« – ein Wort Alexander Camaros, das man neben dieses Gemälde stellen möchte. Ein weißer Bildrand umfaßt den inneren Bildraum wie ein Fenster- oder Bilderrahmen. Unten in die Mitte dieses Rahmens hat Camaro seine Signatur gesetzt, plaziert wie die Informationsschildchen auf den Bilderrahmen im Museum. Nach innen öffnet sich ein dunkler Bildraum, streng komponiert und doch voller Spannungen zwischen Hell und Dunkel, Oben und Unten, Links und Rechts. Ein Bild, das Ein-Blicke gewährt und zugleich den Reiz des nicht ganz Faßbaren bewahrt.

**Bert Jäger (*1919)**

## 101. »Medshibosh«

Acryl auf Leinwand, 1965 (135 × 95 cm)
Standort: Chemie III, Albertstr. 21, Treppenhaus, zwischen 1. und 2. OG

Nach einer Phase der expressiven, vom Informel beeinflußten Malerei (vgl. Nr. 123, Jive-Samba, im Hygienischen Institut) fügte Bert Jäger um die Mitte der 1960er Jahre die Farben auf der Leinwand wieder zu klar umgrenzten Formen zusammen: Formen, die zum Teil der Zeichenwelt des Alltags entstammen wie Ampel und Pfeil, Buchstabe und Zahl. Diese

Formen führen jedoch ein Eigenleben auf der Leinwand. Während sie sich auf der einen Seite scharfkantig zu geometrischen oder organischen Formen verdichten, lösen sie sich auf der anderen Seite auf und geben ihren hingepinselten Charakter preis. Das Bild lebt aus Kontrasten von Schwarz und Weiß, Helldunkel und Farbigkeit, Eckig und Rund, Form und (informeller) Nichtform. Es lädt ein zum Entdecken der Antagonismen, die diese (Bild-)Welt in Spannung, in Bewegung und in Balance halten.

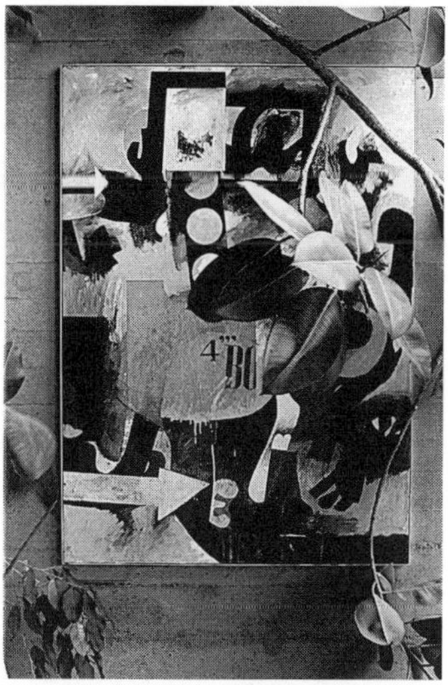

**René Acht (*1920)**

## 102. Ohne Titel

Öl auf Leinwand, um 1968 (100 × 81 cm)

Standort: Chemie III, Albertstr. 21, Treppenhaus, zwischen 4. und 5. OG

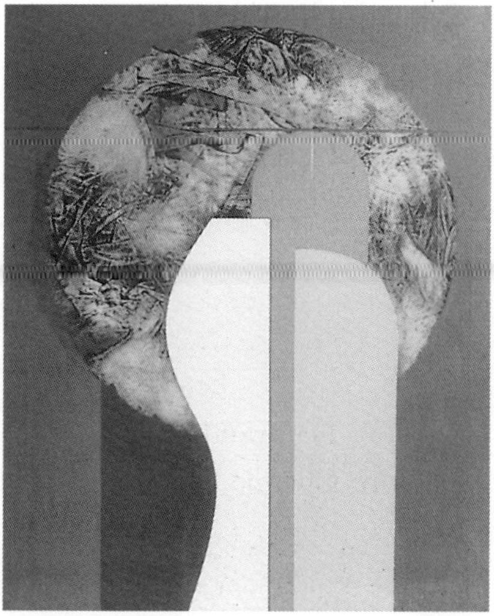

Wie ein Meditationsbild, das nicht äußere Erscheinungen abbilden, sondern Wege nach Innen weisen will, führt René Achts Werk den Betrachter von einer Außenwelt mit klar umgrenzten, am unteren Bildrand statisch verankerten Formen über eine im Mittelgrund schwebende Kreisform mit geheimnisvoll chaotischer Binnenstruktur hinein in ein tiefes Blau von äußerster Ruhe, das als Malgrund alle anderen Formen umfängt. Eine Malerei, die ihre Geistigkeit aus der Beschäftigung mit fernöstlicher Mystik bezieht und in Formen und Farben Spannungen und Ungleichgewichte auswiegt und zu einer inneren Balance führt.

**Peter Dreher (*1932)**

## 103. Ohne Titel

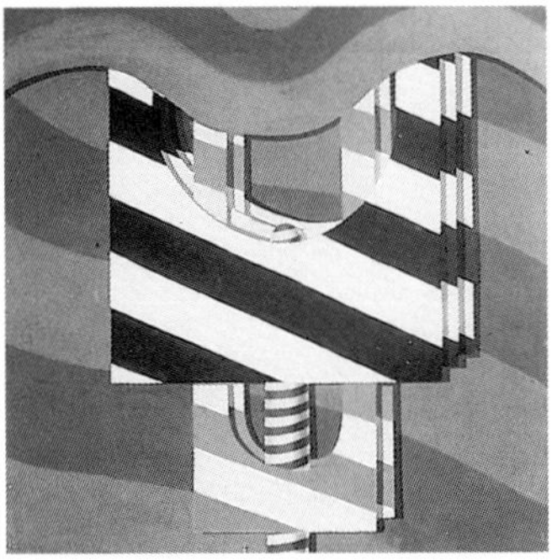

Acryl auf Leinwand, um 1968 (100,5 × 100,5 cm)

Standort: Chemie III, Albertstr. 21, Treppenhaus, zwischen 7. und 8. OG

Peter Drehers Malerei geht Ende der 1960er Jahre von ganz alltäglichen Dingen aus: Signalmarkierungen, Gewinden etc. Um den Gegenstand, der den Ausgangspunkt der Malerei bildet, geht es jedoch letztlich nicht, sondern vielmehr um das, was daraus auf der Leinwand wird: Farbflächen, die sich übereinanderschichten und dem Bild eine eigene Räumlichkeit geben, Kontraste zwischen Farbfeldern und Linienverläufen – eine ›gegenständliche‹ Malerei, die letztlich aufs Ungegenständliche zielt, indem sie die Leinwand der Eigendynamik der Farben überläßt.

**Romuald Hengstler (*1930)**

## 104. »2/68«

Acryl auf Leinwand, 1968 (95 × 80 + 80 cm)

Standort: Chemie III, Albertstr. 21, Treppenhaus, zwischen 10. und 11. OG

Romuald Hengstlers Malerei basiert auf einer Grundhaltung des Informel, daß nicht Abbilden, sondern das Malen selbst Sache der Malerei sei. Er überzieht seine Leinwände mit einem Gespinst von einander durchkreuzenden Pinselstrichen. Wie ein Speicher nimmt die Leinwand die Arbeit des Malers auf. Ein Streifen Abstinenz durchzieht, leicht diagonal gestellt, das zweiteilige Werk – Abbruch und Neubeginn, um mit gleicher Intensität die Arbeit des Malens fortzusetzen?

**Otto Scholderer (1834–1902)**

## 105. Porträt August Weismann (1834–1914)

Öl auf Leinwand, 11.9.–7.10.1896 (120 × 100 cm)
Standort: Zoologisches Institut (Biologie I), Albertstr. 21a (Auskunft im Sekretariat)

August Weismann, der berühmte Freiburger Zoologe, sitzt an seinem Schreibtisch auf einem Stuhl, den das Zoologische Institut bis heute bewahrt hat; er scheint sich für die Porträtsitzung gerade von der Arbeit abgewandt zu haben. Die Dinge, die im Hintergrund aufgebaut sind, verweisen auf Weismanns wissenschaftliche Arbeit, deren Bedeutung vor allem in der Überführung der Naturbeobachtung in die Theorie liegt: er gilt als der bedeutendste theoretische Biologe des 19. Jahrhunderts nach Darwin. So wirkt die Person Weismanns, besonders unterstrichen durch die Handhaltung, wie ein Bindeglied zwischen den Phänomenen der Natur rechts und den Büchern links. Im Regal sind oben eine Schlange und eine Kröte in Spiritus zu sehen, darunter die Skelette eines dem Ameisenbär verwandten Gürteltiers und eines Raubvogels. Neben einer Schildkröte liegen auf der Tischplatte ein Kästchen, vermutlich mit Lupengläsern, und eine Schere. Ein besonderer Akzent wird durch einen Strauß Brennesseln gesetzt, auf dem sich – so scheint es – verschiedene Schmetterlinge niedergelassen haben, sämtlich Arten, deren Raupen ausschließlich auf Brennesseln leben. An der Flügelstellung wird jedoch deutlich, daß es sich um aufgepinnte Falter handelt: oben zwei Exemplare des Kleinen Fuchs, links daneben ein Pfauenauge, darunter die Frühjahrs- und die Sommerform des Landkärtchens. Damit ist ein Schwerpunkt von Weismanns Forschungen ins Bild gesetzt. Viele seiner Hypothesen gingen nämlich von Phänomenen aus, die er an Schmetterlingen beobachtete, wie zum Beispiel die Frage, welche Außenfaktoren (Kälte, Licht) den Aus-

schlag geben, ob ein Tier sich zur Sommer- oder zur Winterform entwickelt.
Otto Scholderer, der zwischen 1871 und 1899 in London lebte, porträtierte August Weismann während eines Freiburg-Aufenthalts zwischen dem 11. September und dem 9. Oktober 1896. Dies geht aus einem »Zeugniß« hervor, das die Witwe des Malers Luise Scholderer August Weismann als dem Besitzer des Porträts im Jahre 1910 ausstellte, um die Echtheit des unsignierten Werkes zu bestätigen. Das Gemälde wurde 1994 von Frau Küppers-Weismann (Weismann-Archiv, Duisburg) für die Universität Freiburg erworben. Es stammt aus dem Nachlaß von August Weismanns Sohn, dem Komponisten Julius Weismann, nach dem die Freiburger Weismannstraße benannt ist.

**Joseph Kowarzik (1860–1911)**

## 106. Porträt August Weismann (1834–1914)

Marmor, 1904 (ca. 100 × 60 cm)
Standort: Zoologisches Institut (Biologie I), Albertstr. 21a, Kurssaal (Auskunft im Sekretariat)

Die Büste wurde 1904 vom »Comité zur Errichtung einer Weismann-Büste« dem Freiburger Zoologischen Institut zu Ehren seines Begründers gestiftet. Anlaß war der 70. Geburtstag August Weismanns, dessen Feierlichkeiten in einer kleinen Festschrift eigens dokumentiert wurden. Das Buch in Weismanns Hand verweist auf sein bedeutendstes theoretisches Werk »Das Keimplasma«. Ein heute verschollenes Gipsmodell (Höhe 41 cm) zu dieser Büste existierte noch 1957 im Zoologischen Institut.

Fritz Hofmann (1889–1966)

## 107. Porträtbüste August Weismann (1834–1914)

Bronze, um 1950 (43 × 26 × 27 cm)
Standort: Zoologisches Institut (Biologie I), Albertstr. 21a, Eingangshalle

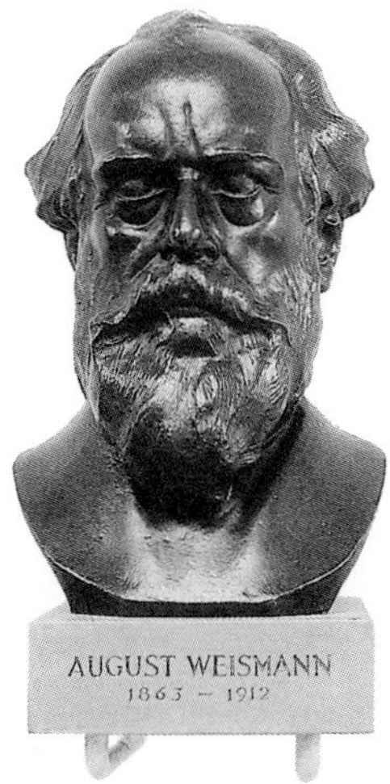


Die Büste wurde auf Betreiben von Prof. Koehler in der Nachkriegszeit im Schwarzwald angefertigt. Sie entstand wahrscheinlich postum nach dem Porträt Kowarziks (Nr. 106) und wurde um 1952, nach der Aufstockung des Gebäudes, zusammen mit Otto Leibers Spemann-Büste (Nr. 108) im Foyer des Zoologischen Instituts aufgestellt. Die Jahreszahlen auf dem Sockel (1863–1912) nennen den Zeitraum, in dem August Weismann als Direktor das von ihm gegründete Freiburger Zoologische Institut leitete.

Otto Leiber (1878–1958)

## 108. Porträtbüste Hans Spemann (1869–1941)

Bronze, 1942 (30 × 18 × 22 cm)
Standort: Zoologisches Institut (Biologie I), Albertstr. 21a, Eingangshalle

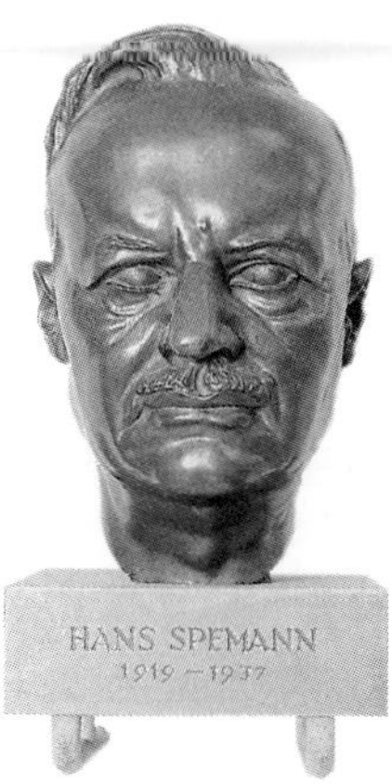


Das nicht erhaltene Original dieses Porträts wurde von Otto Leiber, einem Freund der Familie Spemann, 1942 in Beton gegossen; hiernach entstand um 1950 der Bronzeguß, der 1952 nach der Aufstockung des Gebäudes der Zoologie aufgestellt wurde, um an das Direktorat Spemanns von 1919–1937 zu erinnern.

**Wilhelm Eugen Merten (1879–?)**

## 113. Porträtbüste Ludwig Aschoff (1866–1942)

Bronze, 1943 (Höhe ca. 36 cm)
Standort: Aschoffhaus (Pathologisches Institut), Albertstr. 19, Windfang

Ludwig Aschoff (1866–1942) leitete das Freiburger Pathologische Institut von 1906 bis 1936. Seine Amtszeit gilt als die große Zeit, in der die Freiburger Pathologie zu internationaler Bedeutung gelangte.

**Alexander Kraumann (1870–?)**

## 114. Bronzeplatte zum Gedenken an Ludwig Aschoff

Standort: Aschoffhaus (Pathologisches Institut), Albertstr. 19, Windfang (ohne Abb.)

Die Platte konnte, wenn auch verbogen durch einen herabgestürzten Balken, 1944 nach dem Bombenangriff aus dem zerstörten Pathologischen Institut geborgen werden.

**H.Th. Baumann (*1924)**

## 115. Plexiglasgravierung, 1955

Standort: Albertstr. 19, Hörsaal Pathologie und Anatomie, Foyer

Baumann legt seiner Arbeit eine um 1490 entstandene Zeichnung Leonardos zugrunde, die die Größenverhältnisse des Menschen nach dem Architekturtraktat des Vitruv (1. Jh. v. Chr.) illustriert. Leonardo da Vincis Arbeiten sind auf künstlerischem ebenso wie auf wissenschaftlichem Gebiet von Bedeutung. Gerade seine anatomischen Studien haben ihm einen großen Namen nicht nur in der Kunst-, sondern auch in der Medizingeschichte gesichert. So erscheint diese Zeichnung gerade im Vorraum eines Hörsaals, in dem die Wissenschaft vom Körperbau des Menschen und dessen ›Bauregeln‹ gelehrt wird, sinnvoll. Sie setzt die Maßverhältnisse eines aufrecht Stehenden und eines Mannes mit diagonal gespreizten Armen und Beinen in Beziehung zu Quadrat und Kreis mit dem Ziel, Grundmaße und Grundformen der Architektur aus menschlichen Maßen zu gewinnen.

**Harry MacLean (*1908)**

## 116. Wandmosaik, 1954

Standort: Albertstr. 17, Anatomisches Institut, Treppenhaus

MacLeans Mosaik wirkt wie eine kontrapunktische Ergänzung zu den klaren tektonischen Formen des Betonbaus, der durch eine auf größtmögliche Transparenz bedachte Treppe mit frei aufgelegten Stufen erschlossen wird. Formen, die mikroskopischen Bildern organischer Strukturen entnommen sind, schweben leicht und frei in einem fast unbegrenzt wirkenden Raum, der ohne Unterbrechung alle Geschosse durchmißt.

**Hans Mettel (1903–1966)**

## 117. Stehender

Bronze, 1958/59 (Höhe 218 cm)

Standort: Institut für Rechtsmedizin, Albertstr. 11, Eingangshalle

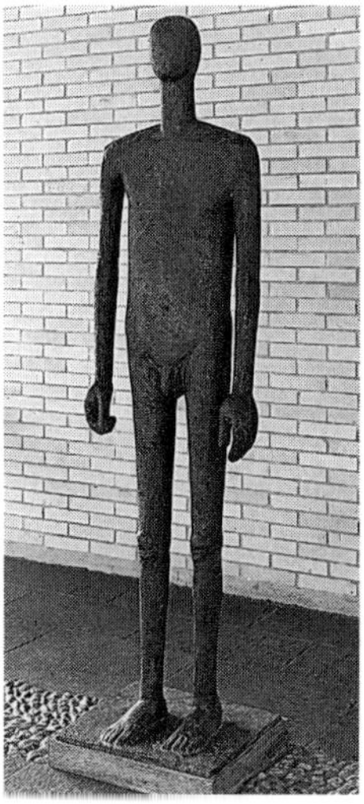

Das Thema von Hans Mettels Plastiken ist nicht der Mensch als Individuum, sondern die menschliche Figur in ihrer Beziehung zum Raum. Anatomische und physiognomische Details reduziert er auf ein Minimum. In äußerst strenger Komposition stellt er gleichsam die Abstraktion eines stehenden Menschen in den Raum, dessen Maßverhältnisse sich an diesem Menschen messen müssen. Bei einer solchen architektonischen Auffassung der menschlichen Figur ist es nur konsequent, daß Hans Mettel das Umfeld für das Freiburger Exemplar des »Stehenden«, der noch in zwei weiteren Abgüssen existiert, für den jetzigen Standort selbst bestimmt hat: die Kieselpflasterung und der niedrige Sockel binden das Werk fest in seine architektonische Umgebung ein.

**Hans Uhlmann (1900–1975)**

## 118. Stahlrelief

Stahl, rot und schwarz gefaßt, 1960 (350 × 500 cm)

Standort: Physikalisches Institut, Hermann-Herder-Str. 3, 1. OG

Schwarze Positivformen und rote Negativformen laufen von links und rechts aufeinander zu. Diese Bewegung wird von einem breiteren Mittelfeld

vor einer weißen Wand aufgegriffen. Wie in der Mitteltafel eines Triptychons kulminiert hier das dynamische Geschehen, die Polaritäten stoßen aufeinander: im Aufeinandertreffen von rotem und schwarzem Dreieck einander anziehend, einander abstoßend im Gegeneinander von Rot und Rot.

**Carl Seffner (1861–1932)**

## 119. Porträtbüste Oswald Schmiedeberg (1838–1921)

Bronze, 1908 (49 × 50 × 27 cm)

Standort: Institut für Pharmakologie und Toxikologie, Hermann-Herder-Str. 5, Flur

Oswald Schmiedeberg trat 1867 die Nachfolge seines Lehrers Rudolf Buchheim an, der 1847 in Dorpat das erste Pharmakologische Institut der Welt eingerichtet hatte. 1872 folgte Schmiedeberg einem Ruf an die soeben gegründete Reichsuniversität Straßburg, wo seitdem »die große Zentrale der Pharmakologie nicht nur für Deutschland« entstand. Die Freiburger Bronzebüste wurde von Carl Seffner 1908 für die Universität Straßburg geschaffen, wo Schmiedeberg bis zum Ende der Reichsuniversität (1918) lehrte. Nach seiner Vertreibung kam die Büste nach Tübingen, wo sie bei Jacoby, dem ältesten Schüler Schmiedebergs, aufgestellt wurde. In den zwanziger Jahren holte sie Walther Straub (1874–1944), der 1907 auf den ersten Freiburger Pharmakologie-Lehrstuhl berufen worden war, in das hiesige Institut, das 1914–17 einen eigenen Neubau erhalten hatte.

**Otto Herbert Hajek (*1927)**

## 120. »Magnetisches Raumfeld«

Modellierbeton, 1959 (4,50 × 14 × 0,90 m)

Standort: Hörsaal Pharmakologie und Physiologie, Hermann-Herder-Str. 5–7, Außenwand

Hajeks Anliegen ist es, Architektur und Kunst nicht zu trennen, sondern beide als Einheit in den gesellschaftlichen Raum zu integrieren. Hajek macht aus der geschlossenen Fläche der Betonwand durch seine Plastik ein

Raumerlebnis. Er ›öffnet‹ die Fläche für das Auge des Betrachters, macht sie dynamisch durch Licht und Schatten, durch Vorn und Hinten, so daß diese Betonwand nun nicht mehr abgrenzt zwischen Außen und Innen. Durch die Bewegung des Menschen, der sich dem Wandrelief von immer neuen Gesichtspunkten nähert, wird die Plastik zu einem Raum, der auf den Menschen bezogen ist.

**Otto Herbert Hajek (*1927)**

## 121. »Universitätszeichen Freiburg (Ort der Begegnung mit Sitzlandschaft)«

Beton, farbig gefaßt, 1972 (640 × 120 × 180 cm)
Standort: Mensa II, Hebelstr. 9a, Vorplatz

Den Gedanken vom sozialen Charakter der Kunst im öffentlichen Raum gestaltet Otto Herbert Hajek hier mit ganz anderen formalen Mitteln als an der Wand des benachbarten Hörsaalgebäudes. Noch viel unmittelbarer wird der Mensch nicht nur durch das Auge, sondern ganz direkt in Kunst und Raum einbezogen. Ein hoch aufragendes Zeichen aus geometrischen Elementen markiert einen ›Treffpunkt‹, weithin erkennbar. Verwandte Formen und Formkonstellationen finden sich – in die Horizontale projiziert – in den Sitzelementen wieder, die zur Benutzung einladen und den solchermaßen markierten Ort tatsächlich zum »Ort der Begegnung« machen sollen. Hajek greift mit seiner Kunst bewußt den Baustoff der sechziger und siebziger Jahre auf, den Beton, jedoch nicht um eine Steinwüste, sondern um Zeichen menschlicher Begegnung zu gestalten.

**Franz Gutmann (*1928)**

## 122. Türgriffe

Teakholz, 1960

Standort: Hermann-Herder-Str. 11, Institut für medizinische Mikrobiologie und Hygiene, 3. OG

**Bert Jäger (*1919)**

## 123. »Jive – Samba«

Öl auf Leinwand, 1963–64 (125 × 351 cm)

Standort: Hermann-Herder-Str. 11, Institut für medizinische Mikrobiologie und Hygiene, 5. OG (vgl. auch Abb. im Farbteil des Anhangs)

Auf langgestrecktem Friesformat entwickelt Bert Jäger von links oben herab eine große, schwungvolle Bewegung, in der rote Farbzeichen sich gegen schwarze bewegen. Der vehemente Schwung beruhigt sich im rechten Bildteil in einem aufgehellten farbigen Umfeld, das in einem sanften Gegenschwung reagiert. Die entfesselte Bewegung wird durch eine ver-

gleichsweise strenge ›Choreographie‹ diszipliniert. Schwung und Gegenschwung bewegen sich auf einem nach oben hin geöffneten bildübergreifenden Halbkreis aufeinander zu und bilden eine bildnerische Balance, auf halber Bildhöhe gestützt von einem kleineren zweiten, mit dem ersten konzentrischen Halbkreis. Die Leinwand wird zum Bewegungsraum farblicher Impulse, deren spontaner Impetus durch eine innere Ordnung in eine expressive Harmonie gebracht wird.

**Johannes Schmidt (1903–1989)**

## 124. Metallplastik

Leichtmetall (Stahlrohr und Aluminium), 1961/62
(ca. 245 × 270 × 210 cm)
Standort: Institut für Makromolekulare Chemie, Stefan-Meier-Str. 31, 1. OG

Johannes Schmidt hat seine Metallplastik eigens für die Gegenlichtsituation vor dem östlichen Fenster des Heinrich-Staudinger-Hauses entworfen. Hell-Dunkel-Kontraste im Gegenlicht, flache aneinandergekettete Einzelformen, die sich mit nach oben hin zunehmender Dichte um ein Gestänge im Raum entfalten. Trotz ihrer Verwandtschaft mit Molekülmodellen hat diese Plastik ihre eigene künstlerische Aussage, indem sie nicht etwas darstellen, sondern – im Grunde gegenstandslos – selbst ›konkrete‹ Realität sein will.

# Herdern: Biologie II/III

Mit dem Neubau der Psychiatrischen Klinik (1884–87) an der Hauptstraße entstand in Herdern ein dritter Universitätsgebäudekomplex. Neben verschiedenen Klinikgebäuden wurde mit der Neuanlage des Botanischen Gartens an der Schänzlestraße und den dazugehörigen Gewächshäusern, Unterrichts- und Verwaltungsgebäuden der Grundstock für die heutigen Institutsgebäude Biologie II/III gelegt. Der kurz vor dem Ersten Weltkrieg fertiggestellte Altbau des Botanischen Instituts wurde 1944 teilweise zerstört. Der an die Überreste des alten Instituts angebaute Neubau aus den fünfziger Jahren war schon bald den steigenden Studentenzahlen nicht mehr gewachsen. 1968 wurde der Altbau durch einen großzügigen neuen Gebäudekomplex ersetzt, dessen Eingangsbereich und Hörsaalfoyer mit künstlerischen Akzenten ausgestaltet wurden.

Literatur:
H.-D. Rösiger: Der Wiederaufbau nach 1945, S. 95ff. – Neue Architektur in Freiburg, Nr. 46 und 57.

**Rudolf Hoflehner (*1916)**

## 125. »Venus von Krieau«

Eisen, geschmiedet, 1964
(ca. 230 × 47 × 134 cm)
Standort: Vorplatz Biologie II/III

Triumphierend und beunruhigend zugleich schreitet diese große Figur mit einem eleganten Hüftschwung auf den Betrachter zu. Der konkav gesenkte Sockel unterstützt den Impetus dieser Vorwärtsbewegung und schafft zugleich – nach vorn sich wieder hebend und in scharfen Kanten ausschwingend – Distanz, isoliert die mächtige Figur als Denkmal für Leben und Fruchtbarkeit. Künstlerisch verdichtete Zeichen für Mensch und Leben sind hier zu einer organischen Kunstform von großer Ausstrahlung zusammengefügt. Der Name des Werkes verweist einerseits auf den Entstehungsort, Hoflehners Atelier in der Krieau im Wiener Prater, anderseits auf Venus, die in der klassischen Mythologie nicht nur Göttin der Liebe und der Erotik ist, sondern auch Schutzherrin allen Lebens und Wachsens in der Natur. Klaffende Spalten und Schrunden in der geglätteten Oberfläche des geschmiedeten Eisens machen die Verletzlichkeit des Lebens bewußt. Zugleich steigern sie die der Figur innewohnende Spannung zwischen fruchtbarer Potenz und Eleganz der Bewegung.

**Max Ackermann (1887–1975)**

## 126. »An die Freude«

Öl auf Leinwand, um 1960 (186,7 × 120 cm; vgl. auch Abb. im Farbteil des Anhangs)
Standort: EG, Hörsaalfoyer

Die »Hymne an die Freude« wird in den letzten Tagen des Zweiten Weltkrieges zu einem Hauptthema in der Malerei Max Ackermanns. In einer Kehrtwende hin zur abstrakten Malerei läßt er aus einem vorzugsweise blauen Bildgrund heraus Farbklänge aufsteigen, die – ohne einen eigentlichen Darstellungsgegenstand – zum autonomen Ausdrucksträger werden. Nicht zufällig erinnert der Bildtitel an Beethovens Vertonung der Schillerschen Ode »An die Freude«. Max Ackermann schließt mit seiner Malerei bewußt an musikalische Vorstellungen an: »Piano und Forte sind in beiden Künsten dasselbe. Die Musik macht aus der Stille den Lärm, die Malerei schließt die stille Fläche auf und macht aus einem Nichts eine bewegte Fläche.« »Die Variationen der Farb-Form-Themata ergeben eine musikalische Malerei ... Das Hinten als das Betonende der Fläche, das Vorne im Sinne eines farbenfrohen Spiels auf der Fläche.«

**Bernd Völkle (*1940)**

## 127. »Rotes«

Acryl auf Leinwand, 1966
(168,5 × 268 cm)

Standort: EG, Hörsaalfoyer

Bernd Völkles Gemälde »Rotes« wirkt wie ein Gegenbild zu Max Ackermanns blaugrundigem Gemälde »An die Freude« in unmittelbarer Nachbarschaft: in seinem Querformat, seinen tektonischen, geometrischen Formen, seiner auf Komplementärwirkungen aufgebauten Farbigkeit, in der das Rot nicht als Hintergrund, sondern gewissermaßen als Vordergrund wirkt und die darunterliegenden Grüntöne, die wenigen blauen und gelben Partien sowie den weißen Grund nur partiell im mittleren Bildteil zum Vorschein kommen läßt. Wie Seitenflügel eines Triptychons halten die beiden monochromen Bildstreifen links und rechts die in dynamischen Diagonalen aufbrechende Bildmitte zusammen, deren zwei Teile wiederum durch die von links und rechts vorstoßenden Dreieckskeile miteinander verzahnt werden.

**Bernhard Hauff (1866–1950), Präparator**

## 128. Steneosaurus bollensis Cuvier und fossiles Treibholz mit Muscheln (Inoceramus dubius Sowerby)

Standort: EG, Hörsaalfoyer (ohne Abb.)

Originalfossilien aus den Posidonienschiefern (Toarcien) des Schwarzen Juras von Ohmden/Holzmaden in Württemberg (250,5 × 505 cm)

**B. H. Mayer**

## 1 29. Porträtplakette Friedrich Oltmanns (1860–1932)

Eisenguß, 1940 (58,7 × 38 cm)
Standort: EG, Hörsaalfoyer

**Julia Dorwarth (*1957)**

## 130. Porträtplakette Friedrich Oehlkers (1890–1971)

Bronze, 1990 (62 × 62 cm)
Standort: EG, Hörsaalfoyer

»ZUM 100. GEBURTSTAG VON SEINEN SCHÜLERN * CHEMISCHE MUTAGENESE 1943«

**Carla Lavatelli (*1928)**

## 131. »Golden Pond«

Bronze, 1973 (Höhe: ca. 100 cm)
Standort: Botanischer Garten

Eine Rinderherde formiert sich in einem endlosen Zug zu einer sphärenartigen Form, die zugleich Assoziationen an die Erdkugel wachruft. Positiv- und Negativformen, Schatten und Lichtreflexe sowie die Spiegelung der Plastik im Wasser werden bewußt eingesetzt, um einen Zusammenklang der Elemente künstlerisch zu gestalten. Das Werk wurde von der Künstlerin für den Botanischen Garten in Freiburg gestiftet.

## Augustinermuseum

Das Augustinermuseum bewahrt einige Kunstwerke, die eng mit der Geschichte der Universität verbunden sind, darunter den sogenannten Vierlehrerschrein aus dem 15. Jahrhundert und den Silberaltar der »Großen lateinischen Kongregation« aus der Jesuitenzeit, die heute beide der Münsterschatzkammer angehören. Das Museum beherbergt auch einige Werke aus Universitätseigentum, darunter die Insignien der Universität in der Schatzkammer und einige naturwissenschaftliche Instrumente.

## 132. Universitätsszepter von 1466

Silber, getrieben, teilvergoldet (Höhe 137,5 cm)
Leihgabe des Rektorats der Universität Freiburg

Das ältere der beiden Freiburger Universitätsszepter entstand neun Jahre nach der Gründung der Universität durch Erzherzog Albrecht VI. nach dem Vorbild des Szepters der Wiener Artistenfakultät. Es zeigt unterhalb einer spätgotischen Laubwerkbekrönung drei silberne Wappenschilde: 1. das Wappen des Erzhauses Österreich bzw. Erzherzog Albrechts VI. (silberner Querbalken auf rotem Grund), 2. das Wappen seiner Gemahlin Mechthild aus dem Kurhaus Pfalz (steigender Löwe und Rauten) und 3. das Freiburger Stadtwappen (rotes Kreuz auf silbernem Grund). Da Albrecht VI. bereits 1463 verstorben war, ist es möglich, daß das Szepter von seiner Gattin Mechthild zum zehnjährigen Jubiläum der Albertina gestiftet wurde. Jedenfalls hatte die humanistisch gebildete Tochter des Pfalzgrafen bei Rhein Ludwig III. von der Pfalz, des Begründers der Bibliotheca Palatina, mit Sicherheit positiven Einfluß auf die Universitätsgründung. Zwanzig Jahre später (1477) unterstützte sie auch ihren Sohn Eberhard III. Graf von Württemberg bei der Gründung der Tübinger Universität. Seit dem 18. Jahrhundert wird das Szepter der Artisten- oder Philosophen-Fakultät zugeordnet; wahrscheinlich hat es aber urspünglich als Universitätsszepter gedient, bis es 1512 von einem reicher gestalteten Szepter abgelöst wurde.

**Petrus Sachs**

# 133. Universitätsszepter von 1512

Silber über Holzkern, teilvergoldet (Höhe 138 cm)
Leihgabe des Rektorats der Universität Freiburg

Die Grundformen des zweiten Szepters der Universität sind an denen des älteren orientiert, jedoch prächtiger ausgestaltet. Es ist bekrönt von einer stehenden Christusfigur auf einem zylindrischen Sockel, der früher wohl von vier kleinen Heiligenfigürchen umstanden war, von denen allerdings nur drei erhalten sind. In dem einen ist deutlich der heilige Paulus, der Patron der Theologischen Fakultät, zu erkennen, in der gekrönten weiblichen Heiligen die heilige Katharina als Patronin der Artistenfakultät. Das dritte dürfte den heiligen Ivo Helory darstellen, den Patron der Juristischen Fakultät, so daß in dem verlorenen vierten der heilige Lukas als Patron der Medizinischen Fakultät zu vermuten ist. Der Grundgedanke des großen Universitätssiegels – der lehrende Christus im Tempel – ist hier sinngemäß weitergeführt: Christus erscheint als Lehrer der von ihren Patronen vertretenen Fakultäten.

Weiter unten stehen in einer Tabernakelarchitektur am oberen Viertel des tauartig gedrehten Schafts drei kleine geharnischte Figürchen mit Wappen. Eines trägt eine Bügelkrone, die beiden anderen Herzogshüte. Ihre Deutung ist noch immer umstritten. Bei zwei Namensvorschlägen herrscht weitgehende Einigkeit: Kaiser Maximilian I. (als besonderer Förderer der Universität) und Erzherzog Albrecht VI. (als Gründer der Universität). Als dritte Person wurden u.a. König Rudolph, König/Kaiser Friedrich III. (er hat die Universität privilegiert) und Herzog Karl V. vorgeschlagen. Jedenfalls stellt das Szepter in der unteren Zone die politische Einbindung der Universität als Landesuniversität Vorderösterreichs dar und in der oberen ihr Bekenntnis zu einem christlichen Wissenschaftsverständnis, das Christus als wahren Lehrer der Weisheit anerkennt. Die Szepter wurden noch im 20. Jahrhundert dem Rektor oder Prorektor bei feierlichen Anlässen von einem Pedell vorangetragen.

**Umkreis des Joseph Anton Feuchtmayr, Atlanten**
**Gerard und Leonard Valck, Kartographie**

## 134.–135. Erd- und Himmelsglobus, um 1750

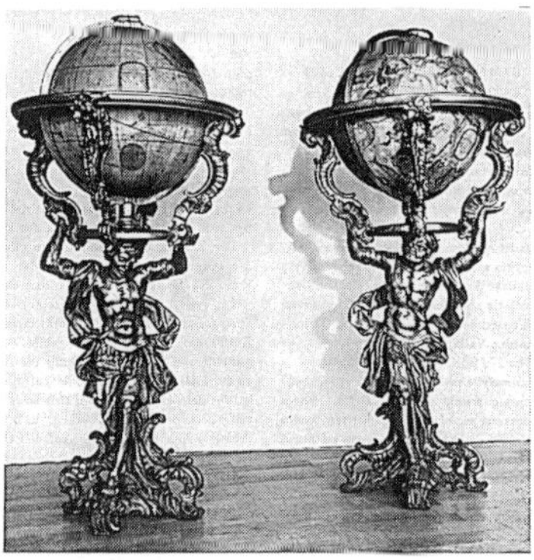

Durchmesser ca. 46 cm

Das Globenpaar stammt aus der Zisterzienserabtei Salem und ist wahrscheinlich im Zuge der Säkularisation in den Besitz der Universität gekommen. Wahrscheinlich wurden sie von den beiden Amsterdamer Kupferstechern Valck mit einfachen Holzgestellen geliefert, die dann durch den Besitzer, das Kloster Salem, gegen geschnitzte Atlanten ausgetauscht wurden. Joseph Anton Feuchtmayr, dessen Umkreis sie zugeschrieben werden, schuf u.a. auch Schnitzereien für das Salemer Münster.

**P. Landolin Bieheler (* um 1750), Kartographie**
**Simon Göser (1735–1816), künstlerische Ausführung**

## 136.–137. Erd- und Himmelsglobus, 1784/1781

Gestelle: Nußbaumfurnier, Schnitzerei; Globen: Holz mit Gipsauflage (Durchmesser ca. 100 cm)

Das zweite Globenpaar stammt aus St. Peter im Schwarzwald und ist wahrscheinlich zu Anfang des 19. Jahrhunderts durch die Säkularisation des Klosters in den Besitz der Universität Freiburg gekommen. Die Globen sind Philipp Jacob Steyrer gewidmet, der 1749–95 Abt von St. Peter war. Unter seinem Priorat entstand die Bibliothek, er sammelte Kupferstiche und Landkarten und richtete für das Kloster ein naturwissenschaftlich-mathematisches Kabinett ein. Auch die beiden Globen bezeugen die Förderung, die er dem wissenschaftlichen Arbeiten der Patres im Kloster zuteil werden ließ. Pater Landolin Bieheler benutzte für seine kartographische Arbeit neuestes, vor allem französisches Kartenmaterial sowie zeitgenössische Reiseberichte u.a. von James Cook, John Byron und Samuel

Wallis, deren Reiserouten auf dem Globus eingetragen sind.
Es wird vermutet, daß möglicherweise auch Pater Thadäus Rinderle (1748–1824) an der Herstellung der Globen mitgearbeitet hat. Rinderle, der in Salzburg Mathematik studiert hatte, wurde 1788 als Professor der angewandten Mathematik, Mechanik und Baukunst an die Universität berufen. Sein Grabstein auf dem Alten Friedhof ist von einem ganz ähnlichen Globusmodell bekrönt. Zitiert sei an dieser Stelle noch eine Bemerkung R. Oehmes über den Erhaltungszustand der Globen, da ihr eine wahrhaft globale Bedeutung zukommt: »Leider läßt der Erhaltungszustand zu wünschen übrig: die Nordhemisphären sind stark abgenützt ...«

**Ignatius Zanner (1721–?)**

## 138. Astronomische Uhr

Obstbaumholz, Messing, versilbert und vergoldet, 1775 (Höhe 195 cm)
Leihgabe aus dem Physikalischen Institut

Eine Inschrift auf dem Zifferblatt der Uhr verrät, daß die Uhr in einer Villinger Werkstatt nach den Angaben des Mathematikprofessors Ignatius Zanner gebaut wurde, der von 1765–78 an der Philosophischen Fakultät der Freiburger Universität Reine Mathematik und von 1778–92 Dogmatische und experimentelle Physik lehrte. Zanner setzte sich sehr für die Ausstattung des mathematisch-physikalischen Kabinetts und damit für den Aufschwung der Experimentalphysik an der Universität Freiburg ein.

## 139. Trauernde

Bronzeguß, vergoldet, um 1200 (Höhe ca. 10,8 cm)
Leihgabe des Kunstgeschichtlichen Instituts

Die kleine Statue stammt aus dem Nachlaß von Wilhelm Vöge (1868–1952), der in seiner kurzen Amtszeit von 1908 bis 1915 die Kunstgeschichte in Freiburg begründet hat. Vöge mußte sich krankheitshalber frühzeitig pensionieren lassen und verbrachte den Rest seines Lebens zurückgezogen und schließlich durch die deutsch-deutsche Grenze getrennt fernab in Ballenstedt. In seinem Testament vermachte Vöge ›seinem‹ Freiburger Institut u.a. seine Bibliothek und eine kleine Kunstsammlung. Dazu gehört auch die Madonna, die Vöge 1892 in Paris für wenig Geld erworben hatte. Die französische Plastik des Mittelalters zählte zu den Hauptforschungsgebieten Vöges. Er erkannte in der kleinen Plastik ein französisches Beispiel mittelalterlicher Antikenrezeption um 1200.

Die Figur verrät Vertrautheit mit der Antike in der deutlichen Unterscheidung von Stand- und Spielbein, ebenso in der klar vorstellbaren Körperlichkeit, die sich unter dem Gewand abzeichnet. Die verhaltene Trauer im Ausdruck verbindet sich mit einer statuarischen Auffassung der Figur, die auf eine Entstehung in Nordfrankreich um 1200 weist. Sie gehörte sehr wahrscheinlich in einen größeren Zusammenhang, über den jedoch keine restlose Klarheit besteht. Vorgeschlagen wurde bisher vor allem eine Deutung als trauernde Maria aus einer Kreuzigungsgruppe.

# Die Universitätskapelle im Münster Unserer Lieben Frau

Seit ihren ersten Anfängen hat die Freiburger Universität eine besondere Beziehung zum Freiburger Münster. Erzherzog Albrecht IV. legte mit seiner Stiftung 1457 die Grundlage für die wirtschaftliche Absicherung der Universität. Zu dieser Stiftung gehörte auch die Münsterpfarrei mit ihren Ländereien, die der Universität als Pfründe zur Nutznießung zugeeignet waren. Bis 1813 war die Universität somit Pfarr- und Patronatsherrin des Münsters.

Die große Kirche war immer wieder Versammlungsort bei zentralen Veranstaltungen der Universität und diente so gewissermaßen als Auditorium maximum. 1460 wurde hier die Universität mit einem feierlichen Gottesdienst eröffnet. In seiner lateinischen Eröffnungsrede sprach der erste Rektor der Hochschule, Matthäus Hummel, über das Wesen und Wirken der Weisheit, zu deren Trägerinnen die Hochschulen bestimmt seien, unter dem Motto »Die Weisheit hat sich ein Haus gebaut« (Sprüche 9,1 und 24,3). Hier war auch der Ort für Promotionen und für die feierliche Eröffnung des Semesters.

1354 war mit der Grundsteinlegung der Bau nach dem Riß des Johannes von Gmünd, einem Mitglied der Parlerfamilie, begonnen worden. Nach einer etwa hundertjährigen Bauunterbrechung gingen seit 1471, also in den ersten Jahrzehnten der neuen Universität, die Arbeiten am Chor ihrem Ende entgegen. 1510 konnten die Gewölbe im Hochchor geschlossen werden, 1513 war die Weihe. Doch schon vorher hatten sich etliche vornehme Familien um die Stiftung einer Chorkapelle bemüht, so etwa die

*Schlußsteine in der Universitätskapelle und im Chorumgang*

Familie des Kaiserlichen Kanzlers und Rektors der Freiburger Universität Prof. Dr. Konrad Stürzel. Die Universität wollte nicht nachstehen und bemühte sich 1505 ebenfalls um eine solche Kapelle als Grablege für Doktoren, Magister und verdiente Persönlichkeiten der Hochschule. Sie übernahm die Kosten für den Ausbau und ›besiegelte‹ ihre Stiftung gewissermaßen mit den beiden Schlußsteinen in der Kapelle und im Chorumgang. In der Kapelle selbst erscheint hier das Motiv für das große Universitätssiegel, der lehrende Christus im Tempel: ein Bekenntnis zur christlichen Wissenschaftstradition des Mittelalters, die Christus als wahren Lehrer der Weisheit über alles menschliche Wissen und Forschen stellte. Dasselbe Motiv findet sich auch auf den Siegeln anderer mittelalterlicher Universitätsgründungen, etwa Paris und Heidelberg. Im Chorumgang vor der Kapelle erscheint auf dem Schlußstein das Motiv des kleinen Universitätssiegels: der heilige Hieronymus im Gehäus als Übersetzer der Vulgata, der ersten Übertragung der Heiligen Schrift aus dem Hebräischen ins Lateinische. Die Universität wählte diesen bedeutenden lateinischen Kirchenschriftsteller von Anfang an als Schutzpatron.
Von der einstigen Bestimmung der Universitätskapelle als Grab- und Gedenkstätte zeugen noch die übriggebliebenen Epitaphien und Grabsteine bedeutender Freiburger Universitätslehrer, darunter die Rechtsgelehrten Ulrich Zasius (1461–1535) und Theobald Babst (1515–1564), der humanistische Musikgelehrte, Lehrer der Poetik und Geograph Heinrich Glarean (†1563) und der Gräzist Johannes Hartung (†1579). Zahlreiche Tafeln wurden 1793 entfernt, als im Rahmen der Reformen Josephs II. im Begräbniswesen die Grablegen im Münsterchor aufgehoben wurden.

Literatur:
Franz Xaver Kraus: Die Universitätskapelle im Freiburger Münster. Programm der Universität Freiburg zur Feier des Geburtsfestes S.K.H. des Großherzogs Friedrich, Freiburg 1890. – Josef Rest: Die Universitätskapelle im Freiburger Münster, in: Beiträge zur Freiburger Wissenschafts- und Universitätsgeschichte, 22 (1960), 113–168. – H. Schreiber: Geschichte der Universität I, S. 19ff.

**Hans Holbein d. J. (1487/98–1543)**
**Unbekannter Künstler (16. Jahrhundert)**

## 140. Oberried-Altar

Als sich 1528/29 in Basel die Reformation durchsetzte, gab der aus Freiburg stammende Basler Ratsherr Hans Oberried seine Basler Bürgerschaft auf und siedelte in seine altgläubige Vaterstadt über. Mit auf die Reise gingen zwei Seitenflügel eines Altars, den Oberried und seine Frau Amalia Tschekkenbürlin wohl für die Kleinbasler Kartause gestiftet hatten, gemalt von dem angesehenen Basler Maler Hans Holbein d.J. Die Tafeln entgingen so dem reformatorischen Bildersturm. Als 1554 der Freiburger Universitätsprofessor Dr. Ludwig Baer starb, stifteten sein Neffe Anton Baer und dessen Frau Elisabeth, die älteste Tochter Hans Oberrieds, den Altar für die neu eingerichtete Universitätskapelle.
Die Tafeln wurden neu zusammengesetzt, so daß sie nun den Mittelteil eines Flügelaltars bilden. Die beiden Szenen aus der Kindheitsgeschichte Jesu erhielten in diesem Zusammenhang eine neue, sozusagen universitätsspezifische Deutung, indem sie das göttliche Kind als wahres Licht der Weisheit in den Mittelpunkt stellen. Ihm huldigen die Hirten und vor allem die Weisen aus dem Morgenland. Dieser gedanklichen Mitte wurden die vier lateinischen Kirchenlehrer Ambrosius, Augustinus, Gregor d. Gr. und Hieronymus auf den von einem unbekannten Meister neu gemalten Seiten-

flügeln zugeordnet. Der heilige Hieronymus erscheint als Patron der Universität in einem geschnitzten Relief auch in der Mitte über den beiden Tafelbildern.
Die neue Zusammenstellung der beiden Altartafeln Holbeins in einem ›gelehrten‹ Rahmenprogramm sollte – sicher auch in Anknüpfung an den lehrenden Christus als Motiv des großen Universitätssiegels – den Altar in seiner zusätzlichen neuen Funktion kennzeichnen. Nunmehr diente er nicht mehr nur der Familie Oberried-Baer als ›Seelgerät‹, mit dem die Stifter sich und ihre Angehörigen dem fürbittenden Gebet der Gläubigen empfehlen, sondern die ganze Universität stellte sich hier zeichenhaft unter göttlichen Schutz. Dies kommt auch in der lateinischen Weihe-Inschrift zum Ausdruck: geweiht zur Ehre Gottes und der Jungfrau Maria, der Patronin des Münsters, sowie dem heiligen Hieronymus als Universitätspatron und den Patronen und Fürsprechern der einzelnen Fakultäten, wie sie auch auf deren Siegeln erscheinen: dem Evangelisten Johannes (Theologie), dem heiligen Ivo (Jurisprudenz), dem heiligen Lukas (Medizin) und der heiligen Katharina (Philosophie bzw. Artistenfakultät).

**Hans Gitschmann, gen. »von Rop(er)stein« (†1564)**

## 141. Der lehrende Christus im Tempel
## 142. Die Heiligen Lukas, Katharina, Johannes und Ivo als Patrone der vier Fakultäten

Glasmalerei, 1524
Der Ausschnitt zeigt den hl. Lukas und die hl. Katharina.

1524 beauftragte die Universität den Glasmaler Hans Gitschmann mit zwei großen Glasgemälden für das »Universitäts-« oder »Rectorchörlein«. Sie stellen das Motiv des großen Universitätssiegels – den lehrenden Christus im Tempel – und die Fakultätspatrone dar. Die Fenster wurden 1876 bei der Restaurierung von Heinrich Helmle und Albert Merzweiler stark übermalt. Anders als im Siegel (vgl. den Schlußstein der Kapelle, Abb. S. 139) ist die Darstellung des lehrenden Jesus im Tempel (Lk 2, 41–52) hier von der erzählerischen Seite her gestaltet. Wie im Siegel erscheinen jedoch auch hier die Wappen des Landesherren, angebracht in den bekrönenden Bögen. Das rechte Fenster zeigt von links nach rechts den Patron der Medizinischen Fakultät, den Evangelisten Lukas (mit dem Stier) als Arzt, die heilige

Katharina von Alexandrien als Vertreterin der Philosophischen Fakultät, den Evangelisten Johannes (mit Kelch) als Patron der Theologischen Fakultät und den heiligen Ivo im Talar des Rechtsgelehrten als Patron der Juristen. In den Arkaden über den vier Heiligen halten Putten nochmals Wappenschilde mit den Siegelmotiven der Fakultäten, so daß die Heiligen hier ein zweites Mal erscheinen, mit einer Ausnahme: die Theologische Fakultät führte – als weiteren Fakultätspatron – den heiligen Paulus im Siegel.

**Wilhelm Dürr d. J. (1857–1900), Karton**
**Franz Xaver Zettler (1841–1916), Königlich Baierische Hofglasmalerei München, Ausführung**

## 143. Der hl. Hieronymus und Erzherzog Albrecht VI.

Glasgemälde, 1886 (211 × 98,5 cm)

Das Glasgemälde verdankt seine Entstehung einer Stiftung von Carl Julius Perleb, der als Professor der Botanik und Naturgeschichte den ersten Botanischen Garten im neuen Universitätsviertel an der Albertstraße anlegte und 1838 das Prorektorenamt bekleidete. Er hatte in seinem Testament eine bedeutende Summe der Universität zur Verschönerung der Universitätskapelle vermacht. Der Senat beschloß auf Anregung von Franz Xaver Kraus, ein Glasfenster in Auftrag zu geben, das sich an die alten Renaissancefenster anpassen sollte. Bildthemen sollten der hl. Hieronymus, der auch auf dem kleinen Universitätssiegel erscheint, und Erzherzog Albrecht VI. sein. Wilhelm Dürr d.J. schuf als Vorlage für die Glasmaler Kartons (heute im Augustinermuseum Freiburg). Dürr kontrastiert den weitsichtigen Universitätsgründer Albrecht VI. mit dem in seine Bibelübersetzung vertieften Hieronymus als Vertreter der »vita activa« und der »vita contemplativa«.

## Biobibliographisches Künstlerverzeichnis

Die Literaturangaben, die den folgenden Künstlerbiographien beigefügt sind, verstehen sich nicht als vollständige Bibliographie. Sie sollen lediglich denjenigen, die sich über einen Künstler oder ein Werk weiter informieren möchten, einen ersten Einstieg bieten. In der Regel wurden Titel neueren Datums angeführt, nach Möglichkeit Werkverzeichnisse, über die weitere Literatur leicht zu erschließen ist. Soweit als möglich wurde Literatur ausgewählt, in der auch die in Freiburg befindlichen Werke genannt sind. Literaturangaben zu Werken ohne bekannten Künstlernamen finden sich am Schluß. Abgekürzt zitierte Werke sind im Literaturverzeichnis vollständig aufgeführt.
Über die Katalognummer gibt das Verzeichnis zugleich Auskunft darüber, welche Werke der genannten Künstler sich – öffentlich zugänglich – auf Freiburger Universitätsgelände befinden.

**Acht, René**
Geb. 1920 in Basel; 1936–40 Studium an der Kunstgewerbeschule Basel (Malerei, Bildhauerei); 1947 Volontariat zum Bühnenbildner an der Königlichen Oper Stockholm; bis 1950 mit Unterbrechungen in Skandinavien ansässig; 1953–60 verschiedene Stipendien; Studienreisen nach Spanien, Nordafrika, Japan, Elfenbeinküste; 1963–65 Lehrauftrag an der Hochschule für Bildende Künste in Hamburg; 1965–66 Leiter der Malklasse an der Kunstgewerbeschule Basel; 1972 Übersiedlung nach Freiburg i.Br.; 1976 Gründung des »ART CLUB + Kunstforum« in Freiburg; 1980 Lehrauftrag an der Pädagogischen Hochschule Freiburg i.Br.; lebt in Freiburg i.Br.
**102.** Ohne Titel, um 1968.
Literatur:
Hans H. Hofstätter und Jochen Ludwig: René Acht. Monographie und Werkverzeichnis. Ausstellung des Augustinermuseums in den Räumen der Städtischen Galerie Schwarzes Kloster vom 31. Oktober bis 30. November 1980 (bes. S. 78 und 94f.). – Künstlerverzeichnis Baden-Württemberg V. – Allgemeines Künstlerlexikon 1, 1992, S. 236.

**Ackermann, Max**
Geb. 1887 in Berlin; 1906/07 Studium am Kunstgewerblichen Seminar, Weimar (bei Henry van de Velde), danach in Dresden und München (bei Stuck) sowie an der Akademie der Bildenden Künste, Stuttgart (gefördert von A. Hölzel); 1930 Gründung eines Seminars für absolute Malerei an der Stuttgarter Volkshochschule; 1936 Lehrverbot; Teilnahme an der »Allgemeinen Deutschen Kunstausstellung Dresden 1946«; gestorben 1975 in Bad Liebenzell.
**126.** »An die Freude«, um 1960

Literatur:
Franzsepp Würtenberger: Der Einfluß der Musik auf das Schaffen des bildenden Künstlers, in: Ludwin Langenfeld (Hg.): Max Ackermann. Aspekte seines Gesamtwerkes. Stuttgart/Berlin/ Köln/ Mainz 1972, S. 117–125, hier 122f. – Max Ackermann: »Das Blau ...«, in: Ausst.-Kat. »Das Blaue Bild«, Städtische Kunstsammlung Ludwigshafen 1967. – Kurt Leonhard: Musikalische Malerei zwischen Tradition und Informel, in: Karin von Maur (Hg.): Vom Klang der Bilder. Die Musik in der Kunst des 20. Jahrhunderts, S. 430–433 (Zitate S. 430). – Lutz Tittel (Hg.): Max Ackermann 1887–1975. Zum 100. Geburtstag, Stuttgart 1987. – Allgemeines Künstlerlexikon 1, 1992, S. 253ff.

**Alcopley** (Pseudonym für Alfred Lewis Copley)
Geb. 1910 in Dresden; künstlerische Ausbildung weitgehend autodidaktisch; Studium der Medizin und Biologie an der Universität Freiburg i.Br., in Heidelberg und in Königsberg; promovierter Mediziner. 1935–37 Emigration in die Schweiz, 1937 in die USA, wo er amerikanischer Staatsbürger wird; in den 50er Jahren zeitweise als Arzt und Blutforscher tätig; lebte 1952–57 in Paris, heute in New York. Beschäftigung mit dem Zen-Buddhismus; 1958 Gespräch mit M. Heidegger und dem Zen-Meister Hisamatsu über die Kunst und das Denken. Alcopley entwickelt seine expressive, abstrakte Malerei aus der spontanen rhythmischen Bewegung, aus dem ›Schriftduktus‹ des Malens, verwandt der Pinseltechnik ostasiatischer Kalligraphie.
(ohne Katalog-Nr.): Wandmalerei im Physiologischen Institut, 1958, zur Zeit durch Einbauten verdeckt.
Literatur:
W. Grohmann: Der Staat als Mäzen (Abb.). – Will Grohmann: Alcopley – Voies et Trâces, Wuppertal 1961. – Allgemeines Künstlerlexikon 2, 1992, S.178. – Thomas/de Vries (1977).

**Antibo, Attilio**
Geb. 1930, lebt in Genua. Widmet sich seit 1974 ausschließlich der Keramik. Die einfachen Formen und der Bezug zum Menschen sind typisch für das Werk Antibos, der zu den wichtigsten Vertetern einer Keramik der »Povertà« in Oberitalien zählt.
**91.** B1 Buchobjekt: »Libro Terra« (Erdbuch), 1974
Literatur:
Ausst.-Kat. »buchobjekte«, Kat.Nr. 1. – V. Mertens: Bilder, Bücher und Steine, S. 268 und 269 (B1). – Allgemeines Künstlerlexikon 4, 1992, S. 258.

**Bampi, Richard**
Geb. 1896 in Amparo (São Paulo, Brasilien); nach Schulbesuch in Lörrach und Karlsruhe 1914–18 Soldat; 1918 Architekturstudium an der Technischen Hochschule München (bei Theodor Fischer), daneben Arbeit als Bildhauer und Graphiker; 1919 Studium am Bauhaus in Weimar (bei Walter Gropius und Johannes Itten); ab 1920 in der Schweiz und in Florenz

(Studium italienischer Fayencekunst); 1922 in Wien (Studium der Gold- und Silberschmiedekunst und der Emailtechnik); 1923–27 in Brasilien, eigene Werkstatt in Rio de Janeiro, danach wieder in Deutschland; ab 1927 Karamikwerkstatt in Kandern (Schwarzwald); Kontakt zu Max Laeuger; gestorben 1965 in Kandern.

**13.** Wandbild, 1956 (nach einem Entwurf von Julius Bissier, s.d.)

Literatur:

W. Grohmann: Der Staat als Mäzen (Abb.). – Maria Schüly: Richard Bampi 1896–1965. Ein Beitrag zur Geschichte der modernen Keramik, Stuttgart 1992, Kat.Nr. 312. – Dies. in: Ausst.-Kat. »Richard Bampi«, in: Kunst im Keramion 1982, S. 60/61 (Abb.) – Allgemeines Künstlerlexikon 6, 1992, S. 549. – M. Rees: Kunst im öffentlichen Raum, S. 140f.

**Baumann, H. Th. (Hans Theodor)**

Geb. 1924 in Basel; ab 1946 Studium der Malerei, Grafik, Bildhauerei, Design und Innenarchitektur in Basel, daneben Glasmalerlehre; 1949 erste Beteiligung an einer Kunstausstellung im Augustinermuseum in Freiburg/Br.; 1953 Zusammenarbeit mit Egon Eiermann; Arbeiten in der angewandten Kunst; vorwiegend Aufgaben auf dem Gebiet des Industrie-Designs; lebt in Schopfheim.

**115.** Plexiglasgravierung, 1955

Literatur:

Volker Kapp: H. Th. Baumann. Kunst und Design, Marburg/Lahn 1989. – W. Grohmann: Der Staat als Mäzen (Abb.). – Allgemeines Künstlerlexikon 7, 1993, S. 586f.

**Bermann, Cipri Adolf**

Geb. 1862 in Vöhrenbach (Schwarzwald); Ausbildung an der Schnitzereischule in Furtwangen, danach in München, Zürich (u.a. Architekturstudium am Eidgenössischen Polytechnikum; Bekanntschaft mit Gottfried Keller und Conrad Ferdinand Meyer); zwei Jahre Schüler von Hermann Volz (s. d.) in Karlsruhe; Reisestipendien nach Italien und Paris; seit 1887 in München; Leitung einer Bildhauerschule; noch in den 1930er Jahren Atelier in der Ungererstr. 40; gestorben 1942 in Luxemburg.

**42.–43.** Homer und Aristoteles, 1911

Literatur:

Thieme-Becker 3 (1909), S. 423f. – Willy Oskar Dressler: Kunsthandbuch, 9. Jg., Bd. 2, Berlin 1930, S. 71. – Max Breithaupt: Was besagen die beiden Bronzefiguren am Portal der Freiburger Universität?, in: Voran und beharrlich 33/34 (1961), S. 56–58. – Beatrice Vierneisel, in: Allgemeines Künstlerlexikon 9, 1994, S. 480–481 (mit weiterer Literatur). – V. Mertens: Die künstlerische Ausstattung des neuen Kollegiengebäudes, S. 130–134.

**Beyerle, Burkhart**

Geb. 1930; Schreinerlehre; Architekturstudium; Dipl.-Ing., Architekt; befaßt sich mit Malerei, Graphik, Holzschnitt, Zeichnung, Kunst am Bau, Architekturplanung und plastischen Objekten; lebt in Konstanz.

**91.** B2 Buchobjekt: »Buch Stein«
Literatur:
Künstlerverzeichnis Baden-Württemberg V. – V. Mertens: Bilder, Bücher und Steine, S. 268 und 269f. (B2).

**Bieheler, Landolin**
Geb. um 1750 in Friesenheim; Kartograph; legte 1778 im Kloster St. Peter die Profeß ab; 1782 Priesterweihe.
**134.–135.** Erd- und Himmelsglobus, 1784
Literatur:
Ruthart Oehme: Alte Globen aus dem Besitz der Universität, in: Kunstwerke im Besitz der Albert-Ludwig-Universität Freiburg (1957), S. 61–64, hier S. 62ff. (Abb. 2).

**Billing, Hermann**
Geb. 1967 in Karlsruhe, Besuch der Kunstgewerbeschule in Karlsruhe, danach Studium bei O. Warth und J. Durm an der Technischen Hochschule; nach Studienreisen durch Deutschland, Frankreich, Italien und Nordamerika ließ er sich in Karlsruhe als Architekt nieder; ab 1901 Lehrer für Architektur, ab 1903 für Perspektive an der Karlsruher Akademie, 1907–1936 Professor für Architektur an der Technischen Hochschule. Zu seinen anspruchsvollsten Werken bis 1911 zählt das Kollegiengebäude I der Universität Freiburg; neben der Architektur beschäftigte sich Billing auch mit Kunstgewerbe (Entwürfe für Bauskulptur und Majolika); starb 1946 in Karlsruhe.
**38.–40.** Reliefs am Außenbau des Kollegiengebäudes I (Entwurf)
**44.–45.** Majolika-Reliefs im Windfang des Kollegiengebäudes I (Entwurf)
Literatur:
R. Blume: Die Zeichen und Siegel der Albert-Ludwigs-Universität, S. 18ff. – Ausst.-Kat. 150 Jahre Universität Karlsruhe. Architekten der Fridericiana, Skizzen und Entwürfe seit Friedrich Weinbrenner (Fridericiana. Zeitschrift der Universität Karlsruhe, 18), Staatliche Kunsthalle Karlsruhe, 9.10.–9.11.1975, S. 87–94 (dort weitere Literaturangaben). – Ausst.-Kat. Majolika, Karlsruhe 1979, Nr. 23–28, 195, 559, 560 und S. 344. – Jos. Aug. Beringer: Das Kollegiengebäude der Universität zu Freiburg i.Br. von Hermann Billing, in: Moderne Bauformen XI (1912), Heft 8, S. 349–380. – Gerhard Kabierske: Hermann Billing, in: Badische Biographien, N.F. II (1987), S. 40f. – Ders.: Der Architekt Hermann Billing. Diss. phil. Freiburg i.Br. 1993 (mit Werkverzeichnis und ausführlicher Biographie), Kat.Nr. 211 (s. 528–539). – V. Mertens: Die künstlerische Ausstattung des neuen Kollegiengebäudes, S. 125–130.

**Bilyk, Karin**
Geb. 1941 als Tochter eines Fotografen; aufgewachsen in Freiburg; 1960–62 Studium an der Staatl. Meisterschule für Bildhauer und Steinmetzen in Freiburg i.Br. (u.a. Modellieren und Zeichnen bei Johannes Schmidt, s.d.); 1962–69 Studium an der École Nationale Supérieure des Beaux-Arts in Paris, ab 1966 Meisterschülerin von Henri-Georges Adam; 1969 Diplome

Supérieure d'Art Plastique; 1969–72 Restaurierungsarbeiten in Gisors/ Normandie und Paris (Palais Bourbon); seit 1968 Medaillen und Kleinplastiken für die Staatl. Münze in Paris; 1973 Rückkehr nach Freiburg; mehrere Preise und öffentliche Aufträge; lebt in Freiburg.

**90.** Porträt in Erinnerungs-Schicht (Le visage intérieur de Hans Bender), Bronze 1987/88

Literatur:

W. Klipfel: Karin Bilyk, in: Ausst.-Kat. »100 Jahre Stühlinger«, S. 33–36.

**Bissier, Julius**

Geb. 1893 in Freiburg i.Br.; 1913 Abitur am Berthold-Gymnasium und kurzes Kunstgeschichtsstudium in Freiburg; 1914 wenige Monate Studium an der Kunstakademie Karlsruhe; 1915–18 Kriegsdienst bei der militärischen Postüberwachungsstelle Freiburg i.Br. zusammen mit Martin Heidegger und dem Maler Hans Adolf Bühler (s.d.), mit dem er freundschaftlich verbunden war; autodidaktische Weiterbildung als Maler; ab 1919 Freundschaft mit dem Sinologen Ernst Grosse (1862–1927), der ihn in die Kultur Ostasiens einführt; nach 1923 allmähliche Loslösung von Hans Adolf Bühler; 1923–29 neusachliche Gemälde; 1929 Beginn der Freundschaft mit Willi Baumeister; allmählicher Übergang zur ungegenständlichen Malerei; Lehrtätigkeit an der Universität Freiburg i.Br. (Leitung der Malklasse); 1930 zusammen mit dem Bildhauer Johannes Schmidt (s.d.) in Paris; Begegnung mit Brancusi, Beginn der symbolischen Tuschen; 1932–47 fast ausschließlich Tuschmalerei; 1933–43 Freundschaft mit Oskar Schlemmer; 1933–45 keine Ausstellungsmöglichkeiten; 1934 wurden beim Brand in der Universität sämtliche dort aufbewahrten Werke vernichtet; Beendigung der Lehrtätigkeit; 1935–38 wiederholte Italienreisen; Beschäftigung mit Johann Jakob Bachofen, insbesondere mit der antiken Gräbersymbolik; 1939 Übersiedlung nach Hagnau am Bodensee; 1947–55 farbige Monotypien, Holzschnitte; 1955 Beginn der Miniaturen in Eiöltempera und der Aquarelle; 1961 Übersiedlung nach Ascona. Freundschaft mit Hans Arp, Ben Nicholson, Mark Tobey; nach dem Krieg auch international stetig wachsende Anerkennung; zahlreiche Kunstpreise; gestorben 1965 in Ascona.

**13.** Wandbild, 1955/56 (Entwurf; Ausführung: Richard Bampi, s.d.)

**109.** Porträtmaske Hilde Mangold, 1923

Literatur:

Ausst.-Kat. »Julius Bissier. Gedächtnisausstellung zum 80. Geburtstag. Werke von 1917–1965.« Städtische Galerie Schwarzes Kloster, Freiburg 9.9.–22.10.1973. – Werner Klipfel in: Ausst.-Kat. »100 Jahre Stühlinger«, S. 37ff. – Hans H. Hofstätter: Julius Bissier. Werke im Augustinermuseum Freiburg i.Br., Freiburg i.Br. 1981. – Werner Schmalenbach: Julius Bissier, Köln 1974, S. 109 und Abb. 67 (Entwurf). – Ausst.-Kat. »Jules Bissier. Opere. Œuvres« 1930–1965. Museo d'arte Mendrisio 1988. Fondation Pierre Gianadda Martigny 1989. – W. Grohmann: Der Staat als Mäzen (Abb.). – M. Rees: Kunst im öffentlichen Raum, S. 140f.

Zu Hilde Mangold vgl. Klaus Sander: Hans Spemann, Hilde Mangold und der »Organisatoreffekt« in der Embryonalentwicklung, in: Akademie-Journal (Mitteilungsblatt der Konferenz der deutschen Akademien der Wissenschaften) Heft 1 (1993), S. 7–10.
Zu Bissiers Quellen vgl. Ernst Grosse: Die ostasiatische Tuschmalerei, Berlin 1922, 2. Auflage 1923. – Johann Jakob Bachofen: Mutterrecht und Urreligion, hg. von Rudolf Marx, Stuttgart 1954 (Kröners Taschenausgabe, 52).

**Blödt, Sebastian**

Geb. in Villingen als Sohn des einstigen Freiburger Bürgers Nicolaus Blödt (auch Bloed, Bleed oder Blädt); bemühte sich seit April 1725 um die Bürgerschaft der Stadt Freiburg, um sich mit einer Bürgerstochter verehelichen zu können; 1725 Aufnahme des Bildhauers in die Bauzunft zum Mond; nach dem Tod seiner Frau heiratete Blödt 1727 eine Freiburger Ratsherrentochter; außer umfangreicheren Arbeiten für das Kloster St. Peter arbeitete er für die Lehener Pfarrkirche und die alte Lindenbergkapelle bei St. Peter; gestorben 1745.

**8.** Immaculata conceptio, um 1770 (zugeschrieben)

Literatur:
Hermann Brommer: Künstler und Kunsthandwerker im St. Petrischen Kirchen- und Klosterneubau des 18. Jahrhunderts, in: Hans-Otto Mühleisen (Hg.): St. Peter im Schwarzwald. Kulturgeschichtliche und historische Beiträge anläßlich der 250-Jahr-Feier der Einweihung der Klosterkirche, München/Zürich 1977, S. 50–93, hier S. 64f. – Manfred Hermann: Die Bildhauer Hauser – Das Werk (Teil 1), in: Badische Heimat – Mein Heimatland 52 (1972), S. 145 (Anm. 141).

**Brodwolf, Jürgen**

Geb. 1932 in Dübendorf bei Zürich; 1948–52 Ausbildung als Zeichner-Lithograph in Meiringen und an der Kunstgewerbeschule Bern (Graphik); 1953 Paris-Aufenthalt, autodidaktische Malversuche; 1955 Eidgenössisches Kunststipendium für Malerei; Tätigkeit als Fresko-Restaurator und Glasmaler; 1959 Entdeckung der Tubenfigur an ausgedrückten Farbtuben im Atelier; ab 1962 regelmäßige Berlin-Aufenthalte; 1968 Stipendium der Akademie der Künste, Berlin; 1970 Förderpreis der Reinhold-Schneider-Stiftung, Freiburg; 1975 Kunstpreis der Böttcherstraße, Bremen; 1976 Professur an der Fachhochschule für Gestaltung Pforzheim; 1981 Hans-Thoma-Preis des Landes Baden-Württemberg; 1982 Professur für Bildhauerei an der Staatlichen Akademie für Bildende Künste Stuttgart; lebt in Vogelbach (Südschwarzwald).

**87.–88.** Zwei Figurentücher, 1979
**91. B3** Figurenbuch: Auflösung einer Figur in 7 Phasen, 1980
**91. B4** Figurenbuch (Durchreibeheft), 1982
**91. B5** Figurenbuch (Lichtdruck von Christoph Brodwolf), 1981

Literatur:
Ausst.-Kat. »Jürgen Brodwolf. Konzeption und Entwicklung einer Figur«, 13. Dezember 1974 – 26. Januar 1975, Kunstverein Freiburg, Städtische Galerie Schwarzes Kloster (mit Bibliographie). – Bernhard Holeczek/Dieter Blume: Jürgen Brodwolf. Werkverzeichnis der Arbeiten bis 1978, 2 Bände, Kunstverein Braunschweig 1978 (mit Bibliographie). – Ausst.-Kat. »Jürgen Brodwolf. Objekte, Plastiken, Figurentücher, Environments.« Museum zu Allerheiligen Schaffhausen 28.10.–25.11.1979. – Ausst.-Kat. »Jürgen Brodwolf. Thema Figur. Schreine / Tücher / Tafeln / Stelen / Skulpturen / Environments / Installationen / Aktionen / Handlungen / Bücher«, Städtische Galerie Erlangen, Erlangen/Zirndorf 1984. – Künstlerverzeichnis Baden-Württemberg V. – V. Mertens: Bilder, Bücher und Steine, S. 250f. (A 4 und 5), 269 und 270ff. (B 3–5).

## Bühler, Hans Adolf

Geb. 1877 in Steinen/Wiesental; aufgewachsen in Offenburg; nach dem Studium an der Kunstgewerbeschule Karlsruhe 1898–1908 Studium an der Karlsruher Akademie (Meisterschüler von Hans Thoma); Rom-Aufenthalt; 1914–45 Professor an der Akademie in Karlsruhe, 1914/15 Kriegsteilnehmer, danach bei der militärischen Postüberwachungsstelle Freiburg i. Br. zusammen mit Julius Bissier (s.d.) und Martin Heidegger; 1917 Kauf der Burgruine Sponeck am Kaiserstuhl; 1932 Direktor der Landeskunstschule, 1933–34 Direktor der Karlsruher Kunsthalle; 1932–34 Direktor der Akademie; gestorben 1951 auf Burg Sponeck.

**50.** Prometheus bringt den Menschen das Feuer, Wandbild, 1911
**51.** Prometheus bringt den Menschen das Feuer, Entwurf, um 1910

Literatur:
Beringer/Theilmann: Badische Malerei, S. 238. – 100 Jahre Akademie der Bildenden Künste in Karlsruhe, Die Lehrer, 1954, Karlsruhe, S. 18. – Ausst.-Kat. »100 Jahre Stühlinger«, S. 55–59. – Joachim Heusinger von Waldegg: Die Hochschule der bildenden Künste Karlsruhe im Dritten Reich. Akademiegeschichte von den zwanziger Jahren bis in die fünfziger Jahre und ihre kulturpolitischen Voraussetzungen, hg. von der Staatlichen Akademie der Bildenden Künste Karlsruhe, Karlsruhe 1987, S. 10ff. – Hermann Eris Busse: Hans Adolf Bühler, Karlsruhe 1931, hier S. 54–64. – Fritz Wilkendorf: Leben und Werk von Hans Adolf Bühler, in: Ekkhart Jahrbuch 30 (1961), S. 91–100. – L. Mühlfahrt: Lexikon Karlsruher Maler, S. 20ff. – V. Mertens: Die künstlerische Ausstattung des neuen Kollegiengebäudes, S. 137–144. – Quellen: UA, Rektoratsakten, B 1/361: Schreiben der akademischen Baukommission an den Senat vom 8.2.1910.

## Camaro, Alexander

Geb. 1901 in Breslau; nach einem Musikstudium und Tätigkeit als Artist in Kabaretts und Varietés 1920–25 Schüler von Otto Müller an der Breslauer Akademie; 1928–30 als Tänzer (Partner von Mary Wigman) in München, danach wieder Tätigkeit als Maler; Reisen nach Frankreich, Griechenland, Holland und Norwegen; 1950 Kunstpreis der Stadt Berlin (zusammen mit Theodor Werner, s.d.); seit 1951 Lehrtätigkeit an der Hochschule für Bildende Künste in Berlin; gestorben 1992 in Berlin.

**100.** »Passacaglia«, 1968
Literatur:
Ausst.-Kat. »Camaro. Ölbilder, Aquarelle, Zeichnungen«, Neuer Berliner Kunstverein e.V., Staatliche Kunsthalle Berlin vom 3. September bis 12. Oktober 1983. – Vollmer I (1953). – Thomas/de Vries (1977).

**Caspar, Carl**
Geb. 1747 in Wurzbach/Schwaben; ab 1764 zusammen mit Heinrich Füger Studium an der Wiener Akademie, ab 1784 Mitglied der Wiener Akademie; gestorben 1809.
**57.** Porträt Erzherzog Karl von Österreich, 1803 (Kopie nach J. B. Seele, s. d.)
Literatur:
F. Schaub: Die Universität Freiburg in ihren Beziehungen zur Freiburger Kunst im 18. Jahrhundert, S. 85f. – Thieme-Becker 6 (1912), S. 120. – M. Zimmermann: Mittelalterliche Tradition im baulichen Erscheinungsbild der Universität Freiburg, S. 71f. – Quellen: UA, A26/62, A 26/63 a, A 10/72 (Senatsprotokoll 14. August 1804, S. 548, Nr. 1).

**Conte, Bruno**
Geb. 1939 in Rom; lebt als Bildhauer in Rom; Conte arbeitet vorwiegend mit Holz; in seiner »poesia plastica« versucht er, konkrete Poesie plastisch umzusetzen.
**91.** B6 Buchobjekt: »Criptolarium«, 1977
Literatur:
Ausst.-Kat. »buchobjekte«, S. 42, Kat.Nr. 16.

**Degler, Johannes**
Geb. 1666 in Vilnöß (Tirol); lernte bei dem Münchner Hofmaler Andreas Wolf; nach dem Tod seines Lehrers vollendete er dessen Werke und wurde daraufhin 1718 selbst zum Hofmaler ernannt; gestorben 1729 in Tegernsee.
(ohne Nr.) Altargemälde für die Jesuitenkirche, 1702/03 (1944 zerstört, s. Universitätskirche)
Literatur:
Anna Kempf: Das Hochaltargemälde in der Jesuitenkirche zu Freiburg i.Br., in: ZFG 43 (1931), S. 87–114. – Arthur Dischler: Die Baugeschichte der alten Universität zu Freiburg im Breisgau, in: ZFG 44 (1934), S. 1–80.

**Denmark**
Geb. 1950 in Wilrijk/Belgien; studierte Kunstgeschichte und Archäologie, danach verschiedene Beschäftigungen, u.a. als Fabrikarbeiter. Verarbeitet Informationsmaterial (Druckerschwärze, Papier, Bücher, Zeitschriften) als Reflexion auf dessen Wahrnehmung.
**91.** B7 Buchobjekt: Buchbrett, 1979

Literatur:
Ausst.-Kat. »buchobjekte«, S. 44f. und Kat.Nr. 18.

**Dittenberger, Gustav**

Hans Gustav Dittenberger von Dittenberg, geb. 1794 in Neuenweg (Baden); lernte in Heidelberg bei Friedrich Rottmann und J. Roux; ging 1821 nach München, später nach Paris zu A.J. Gros; um 1831 in Rom, 1836–50 in Wien nachweisbar; seit den 1860er Jahren in Moskau; besonders als Kirchenmaler tätig; gestorben 1879 in Moskau.

**37.** Porträt Großherzog Ludwig von Baden, 1830

Literatur:
Thieme-Becker 9 (1913), S. 334. – J.A. Beringer: Badische Malerei des 19. Jahrhunderts, 1903, S. 25. – Beringer/Theilmann: Badische Malerei, S. 238. – Quellen: UA, A 26/63a.

**Dittmar, Jens**

Geb. 1950 in Saarbrücken; Studium der Germanistik, Philosophie und Psychologie in Zürich; Beschäftigung mit Wittgenstein, Pascal, Bataille und Artaud; Stipendiat des Bundesministeriums für Wissenschaft und Forschung in Wien; 1979 Gründung des »Destrudo« Verlags: »der einzige Verlag, der keine Bücher macht«.

**91.** B8 Buchobjekt: »Complete Commentary«, 1979

Literatur:
Ausst.-Kat. »buchobjekte«, S. 45, Kat.Nr. 20.

**Dold, Willy**

Orgelbauer in Freiburg.

**6.** Orgel in der Universitätskirche, 1958

Literatur:
Albert Raffelt: Die »neue« Orgel in der Universitätskirche, in: UNI aktuell, Albert-Ludwigs-Universität Freiburg im Breisgau, 12.1.1984/34.

**Donndorf, Adolf**

Geb. 1835 in Weimar; 1849–52 Lehrerseminar; dort erster Zeichenunterricht bei Lehrer Jäde; 1853–60 durch Empfehlung des an der Weimarer Zeichenakademie lehrenden Malers Friedrich Preller d.Ä. direkte Aufnahme in das Atelier von Ernst Rietschel an der Akademie in Dresden; Mitarbeit am Goethe-Schiller-Doppelstandbild in Weimar und am Wormser Luther-Denkmal; 1876 Berufung an die Stuttgarter Kunstschule als Professor für Bildhauerkunst; dort Freundschaft mit dem Verleger Wilhelm Spemann, dem Vorsitzenden des Stuttgarter Vereins der Freunde und Förderer der Kunst; 1885–88 plastischer Schmuck der Stuttgarter Landesbibliothek; 1893 Direktor der Kunstakademie; 1907 Eröffnung eines Donndorf-Museums in Weimar (kurz nach Ende des 2. Weltkrieges zerstört); 1910 Abschiedsgesuch um Austritt aus der Stuttgarter Akademie; 1916 starb Donndorf in Stuttgart; Beisetzung der Asche in Weimar.

**47.** Porträtbüste Otto von Bismarck, 1886

Literatur:

Ulrike Fuchs: Der Bildhauer Adolf Donndorf. Leben und Werk, Stuttgart 1986, S. 79ff. (im Werkverzeichnis nicht aufgeführte Kopie der Stuttgarter Büste, WV 74). – Hans Spemann: Forschung und Leben. Hg. von Friedrich Wilhelm Spemann, Stuttgart 1943, S. 76f. – Zum Bismarck-Kult der Freiburger Studentenschaft um 1900 vgl. Helmut Büchler: Ein vergessenes Denkmal: Der Bismarckturm auf dem Schloßberg, in: Freiburger Almanach 41 (1990), S. 23–28.

## Dorwarth, Julia

Geb. 1957 in Freiburg; nach dem Abitur 1978–80 Steinbildhauerlehre an der Freiburger Münsterbauhütte; Gesellenprüfung; 1980–85 Studium der Bildhauerei an der Kunstakademie Karlsruhe (bei O.H. Hajek, s.d., und W. Loth); lebt seit 1985 als freischaffende Künstlerin in Freiburg.

**130.** Plakette Friedrich Oehlkers, 1990

Literatur zu F. Oehlkers: Hans Mohr: Botanik in Freiburg, in: Berichte der Deutschen Botanischen Gesellschaft 95 (1982), S. 525–531.

## Dorwarth, Rainer

Geb. 1924 in Welwer/Westfalen; 1949–52 Studium an der Staatlichen Akademie der Bildenden Künste in Freiburg (bei Prof. A. Strübe) und an der Académie A. Lhote in Paris; seit 1953 in Freiburg als freischaffender Maler tätig; seit 1960 Einzelausstellungen und Ausstellungsbeteiligungen.

**31.–32.** Zwei Holzschnitte, ohne Titel, 1968

Literatur:

Künstlerverzeichnis Baden-Württemberg V.

## Dreher, Peter

Geb. 1932 in Mannheim; 1950–56 Studium an der Akademie Karlsruhe bei Karl Hubbuch, Wilhelm Schnarrenberger und Erich Heckel; 1958 Kunstpreis der Jugend; 1965 Stipendium Villa Massimo, Rom; seit 1965 Leiter einer Malklasse an der Akademie Karlsruhe, Außenstelle Freiburg; 1968 Ernennung zum Professor; 1976 Reinhold-Schneider-Kulturpreis der Stadt Freiburg i.Br.; 1979 Hans-Thoma-Preis des Landes Baden-Württemberg; lebt in Freiburg.

**84.** Selbstporträts an der Universitätsbibliothek, 1977–79

**103.** Ohne Titel, um 1968

Literatur:

Gerhard Kaiser: »Was sehen wir, wenn wir sehen. Zu Peter Dreher«, in: Ausst.-Kat. »Peter Dreher. Malerei.«, Von der Heydt-Museum Wuppertal 5.9.–10.10.1982. – Ausst.-Kat. »Tag um Tag ist guter Tag. Peter Dreher«, Städtische Museen Freiburg. Museum für Neue Kunst 27.1. – 4.3.1990. Städtische Kunsthalle Mannheim 5.8.–23.9.1990 mit Beiträgen von Jochen Ludwig, Hans-Jürgen Buderer, Johannes Langner, Kurt Lüscher, Christian Matthiessen). – Ausst.-Kat. »Peter Dreher«. Hg. und eingeleitet von Hans Albert Peters. Staatliche Kunsthalle Baden-Baden, 19.11.1977–15.1.1978 (Abb.). – Künstlerverzeichnis Baden-Württemberg V. – L. Mühlfahrt: Lexikon Karlsruher Maler. – V. Mertens: Bilder, Bücher und Steine, S. 243–246.

**Dürr, Marie**

Geb. 1852 in Freiburg als älteste Tochter des Malers Wilhelm Dürr d.Ä.; verheiratet mit dem Arzt Viktor Großmann, Mutter des Malers Rudolf Großmann; besondere Veranlagung zur Porträtmalerei; porträtierte zahlreiche Freiburger Persönlichkeiten, darunter auch den Rudolf Maier (pathologische Anatomie); gestorben 1889.

**63.** Porträt Friedrich Kössing, 1874

Literatur:

Julius Dieffenbacher: Die alemannische Malersippe Dürr (Teil III), in: Schau-ins-Land 44 (1917), S. 21–52, hier S. 36ff. – Thieme-Becker 15, S. 106 (s.v. Großmann).

**Dürr, Wilhelm d. Ä.**

Geb. 1815 in Villingen; Ausbildung an der Akademie in Wien (Genre- und Historienmalerei, unter L. Kupelwieser). 1840–42 Aufenthalt in Rom; Einfluß vom Nazarenerkreis um F. Overbeck und Ittenbach; ließ sich danach in Freiburg nieder; schuf vor allem Altarbilder, Kartons für Glasgemälde für das Freiburger Münster, Porträts und Aquarell-Illustrationen zu Hebels »Alemannischen Gedichten«; 1852 Ernennung zum Großherzoglich Badischen Hofmaler; seit 1887 bei seinem Sohn in München ansässig; gestorben 1890 in München.

**62.** Porträt Johann Baptist Hirscher (zugeschrieben)

Literatur:

Julius Dieffenbacher: Hebel-Illustratoren. Zur 150. Wiederkehr von Hebels Geburtstag, in: Schau-ins-Land 37 (1910), S. 1–62, hier S. 31–34. – Ders.: Die alemannische Malersippe Dürr. Zum hundertsten Geburtstag des Hofmalers Wilhelm Dürr, in: Schau-ins-Land 42 (1915), S. 1–57; 43 (1916), S. 1–32 und 44 (1917), S. 21–52, bes. S. 42ff. (Werkkatalog). – Beringer/Theilmann: Badische Malerei, S. 239.

**Dürr, Wilhelm d.J.**

Geb. 1857 in Freiburg als Sohn des Malers Wilhelm Dürr d.Ä., dessen Schüler er wurde; 1874–83 Studium an der Akademie München bei Wilhelm Diez; 1892 zum Professor an der Münchner Akademie ernannt; gestorben 1900 in München.

**143.** Glasfenster für die Universitätskapelle (Entwurf), 1886

Literatur:

Julius Dieffenbacher: Die alemannische Malersippe Dürr (Teil III), in: Schau-ins-Land 44 (1917), S. 21–52, hier S. 29ff. und Abb. 83/84. – Beringer/Theilmann: Badische Malerei, S. 110. – Thieme-Becker 10 (1914), S. 79. – Peter Paul Albert: Gründung und Gründer der Universität Freiburg im Breisgau. Eine quellenmäßige Untersuchung, in: ZFG 37 (1923), S. 19–62, hier S. 60, Anm. 2. – Reden bei der öffentlichen Feier der Übergabe des Prorectorats der Universität Freiburg i. B., 1885, S. 14 und 1887, S. 12. – F.X. Kraus: Universitätskapelle, S. 29f.

**Elkan, Benno**

Geb. 1877 in Dortmund; 1898–1900 Studium an der Akademie in München; 1901–1902 Schüler von Friedrich Fehr an der Karlsruher Akademie

(Malerei); 1903 Hinwendung zur Plastik; 1905–08 Parisaufenthalt; starker Einfluß der Kunst Auguste Rodins. 1908–11 in Rom; ab 1911 in Alsbach a.d. Bergstraße ansässig, ab 1918 in Frankfurt; 1933 Emigration nach London; starb 1960 in London.

**33.** Bronzeplakette zum 80. Geburtstag Friedrichs I. von Baden, 1906

Literatur:

Hans Menzel-Severing: Der Bildhauer Benno Elkan, Dortmund 1980 (Monographien zur Geschichte Dortmunds und der Grafschaft Mark, 7) (ohne Nennung der Bronzeplakette). – L. Mühlfahrt: Lexikon Karlsruher Maler. – Mdl. Mitteilung von Herrn Volker Kricheldorf, Freiburg.

## Feuchtmayr, Joseph Anton

Geb. 1696 in Linz; Bildhauer, Stuckator und Kupferstecher; war u.a. an der Ausstattung der Benediktinerklöster Weingarten, St. Gallen und St. Peter im Schwarzwald beteiligt, wo er 1724–27 die Altäre und das Hauptportal ausgeführt haben soll; starb 1770 in Mimmenhausen/Bodensee.

**134.–135.** Atlanten für Erd- und Himmelsglobus (Umkreis), um 1750

Literatur:

Ruthart Oehme: Alte Globen aus dem Besitz der Universität, in: Kunstwerke im Besitz der Albert-Ludwig-Universität Freiburg (1957), S. 61–64, hier S. 61f. (Abb. 1). – Hermann Brommer: Künstler und Kunsthandwerker im St. Petrischen Kirchen- und Klosterneubau des 18. Jahrhunderts, in: Hans-Otto Mühleisen (Hg.): St. Peter im Schwarzwald. Kulturgeschichtliche und historische Beiträge anläßlich der 250-Jahrfeier der Einweihung der Klosterkirche, München/Zürich 1977, S. 50–93, hier S. 62–64. – Thieme-Becker 11 (1915), S. 353f. (s.v. Feichtmayr).

## Fischer + Krämer, Firma

Orgelbau, Endingen

**6.** Orgel in der Universitätskirche, 1986

Literatur:

Albert Raffelt: Die »neue« Orgel in der Universitätskirche, in: UNI aktuell, Albert-Ludwigs-Universität Freiburg im Breisgau, 12.1.1984/34.

## Gerstel, Wilhelm

Geb. 1879 in Bruchsal; 1894–98 Ausbildung zum Steinmetz und Steinbildhauer in Pforzheim; 1898–1903 Studium an der Karlsruher Akademie bei H. Volz, s.d.; seit 1904 als freier Bildhauer in Karlsruhe tätig; 1905/06 Italienreise; 1919–21 Professor für Bildhauerei an der Karlsruher Akademie; 1921–45 Professor an der Berliner Akademie; 1949–56 Professor der Bildhauerklasse an der Akademie Freiburg i.Br; gestorben 1963 in Freiburg.

(ohne Nr.) Statuen der Wahrheit und der Freiheit am Kollegiengebäude I, 1909/10 (verschollen/zerstört)

Literatur:

Ausst.-Kat. »Wilhelm Gerstel 1879–1963. Plastisches und Graphisches Werk«, Augustinermuseum Freiburg i.Br. 29. September bis 28. Oktober 1979, S. 77, Kat.Nr. 39. – Ausst.-Kat. »Mensch – Figur – Raum. Werke deutscher Bildhauer des 20. Jh.«, Staatl. Museen Berlin,

Nationalgalerie, 7.9.–30.10.1988, S. 94f. – Ausst.-Kat. »Deutsche Bildhauer 1900–1945 entartet«. Hg. von Christian Tümpel, Bremen/Zwolle 1992.

**Gitschmann, Hans d. Ä., gen. »Hans von Rop(er)stein«**
Geb. in Klein-Rappoltstein im Elsaß; schuf zwischen 1505 und 1528 mit seinen Gehilfen für die meisten Fenster des Freiburger Münsterchors Glasgemälde; starb 1564 in hochbetagt in Freiburg.
**141.** Der zwölfjährige Jesus lehrt im Tempel, 1524
**142.** Die Patrone der vier Fakultäten, 1524
Literatur:
Claus Hermans: Die Glasgemälde des Freiburger Münsterchors und ihr Meister Hans von Ropstein, Diss. phil. Freiburg i. Br. 1953 (maschinenschr. Expl. in der UB), S. 145f. – Ingeborg Krummer-Schroth: Glasmalereien aus dem Freiburger Münster, Freiburg i.Br. 1967, S. 194f. – F. X. Kraus: Universitätskapelle, 1890, S. 29ff. – J. Rest: Universitätskapelle, S. 120 und 164–166. – Fritz Geiges: Der mittelalterliche Fensterschmuck des Freiburger Münsters, in: Schau-ins-Land 56–60 (1931–33), S. 323ff. – Thieme-Becker 14 (1921), S. 202f.

**Göser, Simon**
Geb. 1735 in Bad Wurzach/Gospoldshofen, ließ sich 1765 im Breisgau nieder; lebte als Historienmaler in Freiburg i.Br.; 1765 zwischenzeitlich in Straßburg, ab 1770 für das Kloster St. Peter tätig, wo er die Fresken im Kapitel- und im Fürstensaal schuf; 1789 Malereien am Lettner des Freiburger Münsters; früher Vertreter des Klassizismus im Breisgau; gestorben 1816.
**134.–135.** Erd- und Himmelsglobus aus dem Kloster St. Peter, 1784
Literatur:
Ruthart Oehme: Alte Globen aus dem Besitz der Universität, in: Kunstwerke im Besitz der Albert-Ludwig-Universität Freiburg (1957), S. 61–64, hier S. 62ff. (Abb. 2). – Hermann Brommer: Künstler und Kunsthandwerker im St. Petrischen Kirchen- und Klosterneubau des 18. Jahrhunderts, in: Hans-Otto Mühleisen (Hg.): St. Peter im Schwarzwald. Kulturgeschichtliche und historische Beiträge anläßlich der 250-Jahrfeier der Einweihung der Klosterkirche, München/Zürich 1977, S. 50–93, hier S. 83–86.

**Grieshaber, HAP (Helmut Andreas Paul)**
Geb. 1909 in Rot a.d.Rot (Oberschwaben). 1926/27 Schriftsetzerlehre in Nagold und Reutlingen; 1926–28 Studium im Meisteratelier von Prof. E. Schneider, Stuttgart (Kalligraphie, Buchkunst); 1928–31 Studium in London und Paris; 1931–33 Studienreise in den Orient und nach Griechenland; Gründer und Herausgeber der kulturpolitischen Zeitschrift »Deutsche Zeitung« in Athen; 1933–45 Berufsverbot; 1940–45 Soldat, zuletzt im Elsaß; illegale Drucke der »presse clandestine«, Haguenau; 1945–46 Kriegsgefangenschaft und Arbeit im belgischen Bergwerk Mons; 1951–52 Lehrer an der Bernsteinschule über Sulz a.N.; 1955–60 als Nachfolger Erich Heckels an der Akademie Karlsruhe; seit 1965 Herausgabe der Publikation »Der Engel der Geschichte«; lebte auf der Achalm bei Reutlingen, wo er 1981 starb.

**27.** Pegasus, 1973
**28.–30.** Drei Blätter aus »Skizzen zu Figura«
**72.** »Deutschland«, Großholzschnitt 1952
Literatur:
Margot Fuerst: Grieshaber. Die Druckgrafik. Werkverzeichnis, Bd. 2 (1966–1981), Stuttgart 1984, Bd. I, Nr. 52/10 (Deutschland); Nr. 72/127 (Pegasus); 70/53, 70/56, 70/51 (Skizzen zu Figura). – Wilhelm Boeck: HAP Grieshaber. Holzschnitte, Pfullingen 1959, S. 44 und Farbabb. S. 194/195, Kat.Nr. 198 (Deutschland). – L. Mühlfahrt: Lexikon Karlsruher Maler.

**Gruber, Hermann**
Geb. 1938 in Wien; Autodidakt; gründete 1977 die »Werkstattpresse Wien«, einen Einmannverlag, in dem er Buchobjekte, Kassetten und Publikationen herausgibt als Produzent und Verleger seiner eigenen Werke; lebt in Wien.
**91.** B9 Buchobjekt
Literatur:
Ausst.-Kat. »buchobjekte«, S. 54. – V. Mertens: Bilder, Bücher und Steine, S. 268 und S. 275 (B9).

**Gut, Elisabetta**
Gebürtige Schweizerin; begann als Malerin, wandte sich dann aber verstärkt der Collage (aus Spitzen, Fäden, Buchstaben etc.) zu. Kontakte zu Lucio Fontana und Alberto Burri; 1964 erstes Buchobjekt; ab 1970 »Visuelle Poesie«; Entwicklung neuer Zeichenschriften, die ihre Bedeutung aus der ästhetischen Wirkung beziehen; lebt in Rom.
**91.** B10 Buchobjekt: »Seadbook: Libroseme« (Samenbuch), 1979
Literatur:
Ausst.-Kat. »buchobjekte«, S. 55, Kat.Nr. 32. – V. Mertens: Bilder, Bücher und Steine, S. 267f. und 275 (B 10).

**Gutmann, Franz**
Geb. 1928; 1951–53 Kunstakademie Freiburg (Bildhauerei bei Prof. Wilhelm Gerstel); 1953–56 Kunstakademie Düsseldorf (Meisterschüler von Ewald Mataré); 1956 Reisestipendium des Landes Nordrhein-Westfalen; 1980 Kunstpreis der Wirtschaft, Freiburg; lebt in Stohren im Münstertal.
**17.** Holztür »Ulrich Zasius und Erasmus von Rotterdam«, 1960
**18.** Brunnenstock, 1962
**19.** Quellmulde, 1960
**77.** Bronzegriff »Eule«, 1957
**78.** Gedenkplatte, 1957
**91.** B11 Buchobjekt: Homo, 1972
**91.** B12 Buchobjekt: Homo (kleines Buch)
**122.** Türgriffe, 1960
Literatur:
Franz Joseph van der Grinten: Franz Gutmanns Brunnen, Freiburg 1977, S. 34f. und 36f. – W. Müller/O. Freese: Die bauliche Entwicklung der Freiburger Universität, in: J. Vincke (Hg.):

Festschrift der Universität Freiburg zur Eröffnung des zweiten Kollegiengebäudes, S. 5. – W. Grohmann: Der Staat als Mäzen, a.a.O. (Abb.). – V. Mertens: Bilder, Bücher und Steine, S. 268 und 276 (B 11 und 12) – Künstlerverzeichnis Baden-Württemberg V. – Ausst.-Kat. »Franz Gutmann. Skulptur im Colombipark«, Kunstverein Freiburg i.Br. 1.9.–30.12.1988 (Text: Hans Gercke).

**Hajek, Otto Herbert**

Geb. 1927 in Kaltenbach (Böhmen); 1947 Abitur in Erlangen; 1947–54 Studium der Bildhauerei an der Akademie der Bildenden Künste Stuttgart; 1978 Verleihung des Professorentitels durch das Land Baden-Württemberg; 1980 Berufung zum Leiter einer Bildhauerklasse an der Akademie Karlsruhe; lebt und arbeitet in Stuttgart und Karlsruhe.

**4.** Madonna, 1957

**120.** Magnetisches Raumfeld, 1957/59

**121.** Universitätszeichen Freiburg, 1972

Literatur:

O. H. Hajek: Die Durchdringung des Lebens mit Kunst. Hg. vom Archiv für Bildende Kunst im Germanischen Nationalmuseum Nürnberg, Redaktion: Claus Pese, Stuttgart/Zürich 1987, S. 62f. (Abb.) und 161ff. (Magnetisches Raumfeld). – Ausst.-Kat. O. H. Hajek: Sculture, pitture e opere urbanistiche. / Plastiken – Bilder – Stadtikonographien. Museo nazionale di Castel Sant' Angelo, Roma 18.6.–20.9.1981, S. 189, Abb. S. 186 und 189f. (Magnetisches Raumfeld und Universitätszeichen Freiburg, mit Abb.). – W. Grohmann: Der Staat als Mäzen (Magnetisches Raumfeld, Madonna). – M. Rees: Kunst im öffentlichen Raum, S. 141f.

**Hauff, Bernhard**

Geb. 1866 in Holzmaden als Sohn des Theologen, Chemikers und Schieferbruch-Unternehmers Alwin Heinrich Hauff; begann im Alter von 17 Jahren mit der Präparation von Holzmadener Fossilien. Seine Präparate wurden weltberühmt aufgrund seiner sorgfältigen und neuartigen Präparationsmethoden. 1914 wurden seine Verdienste um die Bergung und Präparation der Fossilien aus dem schwäbischen Juraschiefer vom württembergischen König durch die Verleihung der goldenen Medaille für Kunst und Wissenschaft anerkannt. Die Universität Tübingen ernannte ihn 1921 nach Erscheinen seiner großen wissenschaftlichen Arbeit über die Fossilien der Holzmadener Gegend zum Ehrendoktor. Ab 1936 baute er mit Unterstützung des Württembergischen Staates in Holzmaden ein kleines Museum mit Funden aus der dortigen Gegend auf, das von seinem Sohn Bernhard Hauff jr. weitergeführt und vergrößert wurde. B. Hauff sen. starb 1950 in Holzmaden.

**128.** Steneosaurus bollensis Cuvier und fossiles Treibholz mit Muscheln (Inoceramus dubius Sowerby)

Literatur:

Bernhard Ziegler: Der Schwäbische Lindwurm. Funde aus der Urzeit im Museum am Löwentor, Stuttgart 1986, bes. S. 92–115 (mit Lit.). – F. Berckhemer: Bernhard Hauff, in:

Jahreshefte des Vereins für vaterländische Naturkunde in Württemberg 106 (1951). – Bernhard Hauff jr. und R. Hauff: Das Holzmadenbuch, Holzmaden, 3. Aufl., 1981.

**Hauser, Franz Anton Xaver**

Geb. 1739 in Freiburg als Sohn des Bildhauers und Wentzinger-Mitarbeiters Anton Xaver Hauser; versuchte sich nach einer schweren Kindheit seit 1772 in Freiburg als Meister zu etablieren; wohl auf Vermittlung des Universitäts-Administrators Johann Baptist Herzog und seiner Frau Marie Theres, die als Paten zweier seiner neun Kinder genannt werden, erhielt Hauser gelegentlich Aufträge von der Universität: 1775 für eine »aus Holz gemachte Hebamen Machine« (Brommer, S. 173), 1779 für drei Bilderrahmen; für das anatomisch-chirurgische Theater der Medizinischen Fakultät lieferte er Kopf, Hand und Fuß zu einer männlichen Figur (Schaub, S. 79); weiterhin meißelte und renovierte er 1793 Inschriften an den Portalen der Universität und an der Universitäts-Bibliothek im ehem. Jesuiten-Gymnasium (Brommer, S. 181; Dischler, S. 57f.); gestorben 1819 in Freiburg.

**7. und 10.** Erneuerung der Inschriften an den Portalen der Alten Universität, 1793

**35.–36.** Bilderrahmen für die Porträts Erzherzog Albrechts VI. und seiner Frau Mechthild, 1779

**53.** Bilderrahmen für das Porträt des Hofrates Martini

Literatur:

F. Schaub: Die Universität Freiburg in ihren Beziehungen zur Freiburger Kunst im 18. Jahrhundert, S. 79f. – Hermann Brommer: Die Bildhauer Hauser in Kirchzarten, Schlettstadt und Freiburg i.Br. (1611–1842). Die Biographien (Teil II), in: Schauinsland 94/95 (1976/77), S. 165–201, hier S. 166–170. – Arthur Dischler: Die Baugeschichte der alten Universität zu Freiburg im Breisgau, in: ZFG 44 (1934), S. 1–80.

**Heibel, Axel**

Geb. 1943 in Oberlahnstein; 1961–64 Lehre als technischer Zeichner, 1968–72 Studium an der Kunsthochschule Hamburg; lebt seit 1975 in Düsseldorf. Seit 1969 Faltobjekte, 1976 gefaltete Buchobjekte, die zur aktiven Aneignung einladen und den »prozessualen Akt« verdeutlichen, der sich mit dem Erschließen eines Buches in zeitlicher Abfolge verbindet.

**91.** B13 »Buchobjekt E«, 1979

Literatur:

Ausst.-Kat. »buchobjekte«, S. 57, Kat. Nr. 33.

**Hengstler, Romuald**

Geb. 1930 in Deißlingen; 1952–54 Studium an der Kunstakademie Stuttgart bei Prof. Karl Rössing; lebt in Deißlingen.

**89.** »104/78«

**104.** »2/68«

Literatur:
das kunstwerk 11 (1967) und 30 (1977). – Das Münster 1/1963 und 1/1969. – Kunstmagazin 3/1977. – »Romuald Hengstler, ›Briefe‹ 15.10.1976 – 9.2.1977.« Text von Gerhard Breinlinger, Eigenverlag. – Künstlerverzeichnis Baden-Württemberg V.

## Hermann, Joseph Marcus

Geb. 1732 in Freiburg; 1754/55 und 1756/57 wahrscheinlich auf Wunsch der Eltern Philosophiestudium (erwähnt als »logicus et metaphysicus«) an der Artistenfakultät der Freiburger Universität, gab aber offenbar kurze Zeit später seiner eigenen Neigung nach und wurde Maler; 1766 Eintritt in die Freiburger Malerzunft; 1770 gestaltete er im Auftrag der Universität Freiburg einen Festwagen für das Entré der jüngsten Tochter Maria Theresias, Marie Antoinette, die auf ihrer Brautfahrt nach Paris in der vorderösterreichischen Stadt Freiburg festlich empfangen wurde; im November 1779 bat Hermann um das akademische Bürgerrecht, das ihm 1781 gewährt wurde; neben drei großen Herrscherporträts malte er auch Bildnisse Freiburger Professoren, darunter der Theologe und Orientalist Theodor Perger (1797) und der Historiker und frühere Jesuit de Benedictis (1801); die Porträts sind verschollen; 1798 reinigte und firnißte Hermann die zwölf Apostelbilder in der ehem. Jesuitenkirche; gestorben 1811 in Freiburg.

**35.–36.** Porträts des Erzherzogs Albrecht VI. und seiner Frau Mechthild, 1779

**56.** Porträt Kaiser Franz II., 1795

Literatur:
Peter Paul Albert: Gründung und Gründer der Universität Freiburg im Breisgau. Eine quellenmäßige Untersuchung, in: ZFG 37 (1923), S. 19–62, hier S. 39ff. und 59ff. und Abb. 5. – F. Schaub: Die Universität Freiburg in ihren Beziehungen zur Freiburger Kunst im 18. Jahrhundert, S. 80–82. – Hermann Brommer: Künstler und Kunsthandwerker im St. Petrischen Kirchen- und Klosterneubau des 18. Jahrhunderts, in: Hans-Otto Mühleisen (Hg.): St. Peter im Schwarzwald. Kulturgeschichtliche und historische Beiträge anläßlich der 250-Jahrfeier der Einweihung der Klosterkirche, München/Zürich 1977, S. 50–93, hier S. 58–61. – H. Schweitzer: Joseph Markus Hermann, ein Freiburger Maler des 18. Jahrhunderts, in: Schauinsland 29 (1902), S. 133–144. – Thieme-Becker 16 (1923), S. 500. – H. Schreiber: Geschichte der Albert-Ludwigs-Universität 3, S. 82.

## Hoflehner, Rudolf

Geb. 1916 in Linz; nach Besuch einer Maschinenbauschule 1936–38 Architekturstudium in Graz; 1938–41 Studium an der Wiener Akademie (bei Pirchan und Wotruba); 1945–51 Lehrer an der Kunstschule in Linz; 1951–54 im Atelier Wotrubas tätig; ab 1952 Leiter einer Fachklasse für abstrakte Kunst an der Wiener Akademie; 1954 Studien-Reise nach Griechenland; 1962–81 Lehrtätigkeit an der Stuttgarter Akademie; 1967 Hinwendung zur Malerei; 1968 letzte Eisenplastik; lebt und arbeitet in Stuttgart, Wien und in der Toskana.

**125.** Venus von Krieau, 1964
Literatur:
Wieland Schmied: Hoflehner. Wandel und Kontinuität. Eine Monographie. Das Gesamtwerk. Skulptur, Malerei, Zeichnung mit einem Werkverzeichnis der Skulpturen und Gemälde, Wien/Stuttgart 1988, 46f., 124f., 251 (Figur 81, WV 128). – Werner Hofmann: Hoflehner, Stuttgart 1965 (Kunst heute, 7), S. XV und Abb. 57f. – Werner Spies: Krieauer Figuren. Mit einem Werkkatalog sämtlicher Radierungen und Lithograpghien 1965–1970 von Kristian Sotriffer, Wien/München 1971, S. 5.

## Hofmann, Fritz

Geb. 1889 in Pforzheim; 1907–12 Studium an der Akademie in Karlsruhe; Meisterschüler von Hermann Volz, s. d.; 1920–21 Meisterschüler von Wilhelm Gerstel, s. d.; 1916 Verwundung im Ersten Weltkrieg; bis Anfang der 1930er Jahre künstlerischer Leiter einer Steinbildhauerwerkstatt in Karlsruhe; schuf neben Bildnisbüsten und dem Schlageter-Denkmal in Karlsruhe hauptsächlich Friedhofsplastik; gestorben 1966 in Karlsruhe.
**107.** Porträtbüste August Weismann, um 1950
Literatur:
Wilhelm Engelbert Oeftering: Der Bildhauer Fritz Hofmann, in: Ekkhart Jahrbuch für das Badener Land 16 (1935), S. 94–101. – Vollmer II (1955), S. 468. – Denkmäler, Brunnen und Freiplastiken in Karlsruhe, S. 681.

## Holbein, Hans d.J.

1487/98 in Augsburg geboren als Sohn des Malers Hans Holbein d.Ä.; zog 1515 nach Basel, wahrscheinlich als Geselle in der Werkstatt des Hans Herbster; nach Luzern-Aufenthalt 1519 Aufnahme in die Basler Meisterzunft; die Werke dieser frühen Zeit verraten Einflüsse der Augsburger Malerei (Hans Holbein d.Ä., Hans Burgkmair und Hans Baldung Grien); 1523 oder 1524 in Frankreich und vielleicht in Italien, 1526–28 in London, 1528–32 in Basel, 1532 wieder in London; seit 1536 malte er als Hofmaler des englischen Königs Heinrich VIII. fast ausschließlich Porträts; 1538 zum letzten Mal in Basel; 1543 in London gestorben.
**140.** Oberried-Altar, 1521/22
Literatur:
Ausst.-Kat. »Die Malerfamilie Holbein in Basel«. Ausstellung im Kunstmuseum Basel zur Fünfhundertjahrfeier der Universität Basel, 4. Juni bis 25. September 1960, S. 184–186, Kat.Nr. 156/157. – Paul Ganz: Hans Holbein der Jüngere. Die Gemälde. Eine Gesamtausgabe, Basel 1950, S. 203–206, Kat.Nr. 16/17, Taf. 35–44. – Joseph Kartels: Zur Geschichte des Holbeinschen Altarbildes in der Universitätskapelle des Freiburger Münsters, in: Freiburger Diöcesan-Archiv NF 1 (1900), S. 6ff. – Heinrich Alfred Schmid: Hans Holbein der Jüngere. Sein Aufstieg zur Meisterschaft und sein Englischer Stil, Basel 1948, Textbd. I, S. 159ff. – Paul Ganz: Weihnachtsdarstellung Hans Holbein d.J. Die Flügel des Oberried-Altars in der Universitätskapelle des Münsters zu Freiburg im Breisgau, Hg. vom Münsterbauverein. – Walter Überwasser: Der Universitätsaltar von Hans Holbein d.J., in: Kunstwerke aus dem Besitz der Albert-Ludwig-Universität Freiburg im Breisgau, S. 53–60. – F.X. Kraus: Die Universitätskapelle, S. 10–29. – Paul Hübner: Der Oberried-Altar, seine Schicksale und Wiederherstellung, in: Freiburg und seine Universität, S. 51–57.

**Hrdlicka, Alfred**
Geb. 1928 in Wien, studierte im Anschluß an eine Zahntechnikerlehre an der Wiener Kunstakademie: 1946–52 Malerei (bei Albert Paris Gütersloh und Josef Dobrowsky) und 1952–57 Bildhauerei (bei Fritz Wotruba); 1971 Berufung an die Akademie der Bildenden Künste in Stuttgart, 1973 Berufung an die Hamburger Kunstakademie; schuf Plastiken, Zeichnungen und Radierzyklen; lebt und arbeitet in Stuttgart und Wien.
**82.** Marsyas I, 1959–62
Literatur:
Alfred Hrdlicka: Schaustellungen. Bekenntnisse in Wort und Bild. Vorwort von Hans Mayer. Hg. von Walter Schurian, München 1984, S. 131f. (Zitate S. 132). – Bernhard Buderath: Alfred Hrdlicka. Anatomien des Leids, Stuttgart 1984, S. 52f., Abb. 47/48.

**Hubertus, Jan**
Geb. 1920 als Niederländer in Indonesien und dort aufgewachsen. Studium an der Akademie er Bildenden Künste Antwerpen, an der Universität Leiden und der Sorbonne in Paris; lebt seit 1965 in der Schweiz; 1975 Studien bei einem buddhistischen Mönch in Rikon.
**91.** B14 Buchobjekt: »Meru II«, 1980
Literatur:
Ausst.-Kat. »buchobjekte«, S. 61, Kat. 37. – V. Mertens: Bilder, Bücher und Steine, S. 267 und 276 (B 13).

**Huegli, Regula**
Geb. 1936 in Basel; 1955–60 Ausbildung an Kunstgewerbeschulen in Paris und Zürich; 1958–60 klasssische Archäologie an der Universität Zürich; 1958–63 Leitung von Modellierkursen; Preise des Kunstkredits der Kantone Basel-Stadt und Basel-Land; lebt in Basel.
**91.** B15 Buchobjekt mit Stein, 1979
Literatur:
Ausst.-Kat. »buchobjekte«, S. 62, Kat.Nr. 39. – V. Mertens: Bilder, Bücher und Steine, S. 268 und 277 (B 15).

**Jäger, Bert**
Geb. 1919 in Karlsruhe; 1934–39 Studium an der Staatlichen Hochschule der Bildenden Künste in Karlsruhe (bei Hermann Goebel), 1942 an der Akademie in Wien; 1949 Rückkehr aus russischer Kriegsgefangenschaft; lebt seither in Freiburg; mußte 1970 aus gesundheitlichen Gründen die Malerei aufgeben und wandte sich dem Fotografieren und Schreiben zu; seit 1987 Wiederaufnahme der Malerei; seit 1990 Atelier im E-Werk Freiburg.
**83.** Keramikwand (Entwurf), 1960
**101.** Medshibosh, 1965
**123.** Jive – Samba, 1963–64

Literatur:
Ausst.-Kat. »Bert Jäger. Bilder 1961–1964.« Hg. vom Museum für Neue Kunst Freiburg im Breisgau und Rudi Wolpert, Redaktion Jochen Ludwig und Margarita Jonietz, Freiburg i. Br. 15.11 1986–4.1.1987. – Künstlerverzeichnis Baden-Württemberg V. – L. Mühlfahrt: Lexikon Karlsruher Maler.

**Jürgen-Fischer, Klaus**

Geb. 1930 in Krefeld; 1949–51 Studium an der Staatlichen Kunstakademie Düsseldorf; 1951–53 Staatliche Akademie der Bildenden Künste Stuttgart bei Willi Baumeister; 1955 Publikation des Buches »Der Unfug des Seins. Phänomenologische Skizzen zur Kritik der Ontologie«; ab 1955 Redakteur der Zeitschrift »Das Kunstwerk«; 1957 »Kunstpreis der Jugend« Baden-Baden; 1963 Herausgabe des Manifests »Was ist komplexe Malerei?«; 1965–71 Dozent für Malerei am Staatlichen Hochschulinstitut für Kunsterziehung in Mainz; 1970 Gastdozentur an der Städelschen Kunsthochschule Frankfurt/Main; 1977–78 Gastdozentur an der Staatlichen Akademie der Bildenden Künste, Karlsruhe (Malerei und Graphik); eine Zeitlang Atelier auf Schloß Munzingen bei Freiburg; lebt jetzt in Baden-Baden und auf Schloß Vaudrémont bei Colombey.

**86.** Komplexion, 1977

Literatur:
Ausst. Kat. »Klaus Jürgen Fischer. Bilder und Zeichnungen«, Kunsthalle Mannheim 1.–30.10.1977. – Ausst.-Kat. »Klaus Jürgen-Fischer«, Märkisches Museum der Stadt Witten, 30.1.–26.2.1977 (Text: H.H. Hofstätter). – Ausst.-Kat. »Klaus Jürgen-Fischer. Bildnisse und Zeichnungen.« Landesmuseum Mainz 28.5.–2.7.1988 (Texte von Ekkehard Mai, H.H. Hofstätter u.a.). – Künstlerverzeichnis Baden-Württemberg V.

**Keller, Ferdinand**

Geb. 1842 in Karlsruhe; begleitete 1858 seinen Vater für vier Jahre nach Brasilien, wo er als Autodidakt zeichnete und aquarellierte. 1862–64 Studium an der Karlsruher Akademie (bei J.W. Schirmer). 1864 im Privatatelier von H. Canon; 1867 lernte er in Rom A. Feuerbach kennen; 1870–1913 Professor an der Karlsruher Akademie; gestorben 1922 in Baden-Baden.

**59.** Porträt Großherzog Friedrich I. von Baden, 1899

(ohne Nr.:) Allegorien der fünf Fakultäten in der Aula (1934 verbrannt), siehe Kollegiengebäude I, Aula, S. 61 f.

Literatur:
Michael Koch: Ferdinand Keller (1842–1922). Leben und Werk, Karlsruhe 1978, S. 104, Kat. Nr. 280 (Porträt Friedrichs I., als »zerstört« aufgeführt); S. 117, Kat.Nr. 410–414 (Fakultätenbilder). – L. Mühlfahrt: Lexikon Karlsruher Maler. – V. Mertens: Die künstlerische Ausstattung des neuen Kollegiengebäudes, S. 144–146. – Quellen: UA, B1/429–430 (Schreiben der Akad. Baukommission an den Senat).

**Klessinger, Reinhard**

Geb. 1947 in St. Blasien; 1965 Kunstgewerbeschule Basel; 1966–68 Kunstakademie Düsseldorf (Malklasse Rupprecht Geiger); 1968 Preis der Poensgen-Stiftung, Düsseldorf; 1968–70 St. Martin's School of Art, London (Bildhauerklasse); 1968–69 Auslandsstipendium des DAAD; 1970 Stipendium des British Council; 1970–71 Kunstakademie Düsseldorf (Meisterschüler bei R. Geiger); 1972–73 Philosophiestudium an der Universität Düsseldorf; lebt in Ihringen.

**91.** B16 Buchobjekt: »Atelierfenster I«, 1978

Literatur:

Ausst.-Kat. »buchobjekte«, S. 65f., Kat.Nr. 45. – Ausst.-Kat. »Reinhard Klessinger. Auf den Horizont bezogen. Ferien in ›Auge‹. Kunstverein Freiburg Schwarzes Kloster 16. Dezember 1983–15. Januar 1984. – Künstlerverzeichnis Baden-Württemberg V.

**Knittel, Alois**

Geb. 1814 in Oberbach i. Lechtal (Tirol); Schüler von Schwanthaler und Cornelius an der Münchner Akademie; 1847 Übersiedlung nach Freiburg, wo er u.a. 1868 einen (nicht mehr erhaltenen) Brunnen zum Gedenken an den Universitätsgründer Erzherzog Albrecht VI. schuf, der auf einem von den Personifikationen der vier Fakultäten geschmückten Sockel stand; weiterhin schuf er Grabmalporträts für Johann B. Hirscher und Johann Leonhard Hug auf dem Alten Friedhof, die Sandsteinfigur des Berthold Schwarz auf dem Rathausplatz (1853) und den Gänsemännchenbrunnen (heute Adelhauser Kirchplatz); gestorben in Freiburg 1875.

**61.** Porträtbüste Johann Leonhard Hug

Literatur:

Thieme-Becker 21 (1927), S. 4. – Engelbert Krebs: »Ponte Molle«. Zwei Künstlergesellschaften in Rom und Freiburg i.Br., in: Schau-ins-Land 42 (1915), S. 41–57, hier S. 52 und 57.

**Köhler, Ludwig**

Geb. 1955 in Stockach/Baden; 1973 Indienreise; 1974–76 Holzbildhauerlehre; seit 1977–80 Atelier in Freiburg; seit 1981 Atelier in Waldkirch sowie seit 1989 im E-Werk, Freiburg; Einzelausstellungen in Titisee-Neustadt (1989), Galerie Roland Aphold, Freiburg (1990), Galerie Rehberg, Mainz (1991); Mitglied im Deutschen Werkbund; lebt in Waldkirch.

**24.** Brunnenstele, 1991

**91.** B17 Buchobjekt: »Des Köhlers Buch«, 1980

Literatur:

Ausst.-Kat. 2. Holzbildhauersymposion, Freiburg 1979. – V. Mertens: Bilder, Bücher und Steine, S. 278 (B 17). – Künstlerverzeichnis Baden-Württemberg V. – Ausst.-Kat. Darmstädter Sezession '91.

**Kohl, Jacob**

Geb. 1734 in Wien; 1744–49 Schüler der Wiener Akademie; wurde 1767 aufgrund eines zusammen mit Franz Messmer (s.d.) gemalten Porträts

Mitglied der Akademie; malte neben Porträts Altarblätter und bukolische Szenen; gestorben 1788 in Wien.

**54.** Porträt des Hofrats Karl Anton von Martini, 1773–75

Literatur:

Günter Krüger: Ein Bildnis des Wiener Hofrates Karl Anton von Martini in der Freiburger Universität, in: Kunstwerke aus dem Besitz der Albert-Ludwig-Universität, S. 71–77. – F. Schaub: Die Universität Freiburg in ihren Beziehungen zur Freiburger Kunst im 18. Jahrhundert, S. 83–85. – Thieme-Becker 21 (1927), S. 202.

**Kowarzik, Joseph**

Geb. 1860 in Wien; Bildhauer und Medailleur; Studium in Wien an der Kunstgewerbeschule (1882–87) und an der Akademie (1889–93); Studienreisen nach Italien und Paris; 1893–97 Lehrer an der Kunstgewerbeschule in Frankfurt/Main (Ziseleurklasse); 1905–08 Lehrer am Städelschen Institut in Frankfurt; arbeitete als Monumental- und Kleinplastiker und war als Porträtist und Medailleur geschätzt; Denkmäler besonders in Frankfurt/M. (Römer, Friedhof); 1911 gestorben in Cannes.

**106.** Porträt August Weismann, 1904

Literatur:

Thieme-Becker 21 (1927), S. 366f. (Erwähnung der Weismann-Büste). – Bericht über die Feier des 70. Geburtstages von August Weismann, hg. vom Comité zur Stiftung einer Weismann-Büste, Jena 1904.

**Kraumann, Alexander**

Geb. 1870 in Budapest; Bildhauer und Medailleur; studierte 1889–92 an der Wiener Akademie (bei E. v. Hellmer), 1892–96 bei August Vogel in Charlottenburg; wandte sich 1900 nach Frankfurt/M., wo er sich, nach zeitweiliger Tätigkeit in Berlin und Dresden, niederließ.

**114.** Bronzeplatte zum Gedenken an Ludwig Aschoff

Literatur:

Thieme-Becker 21 (1927), S. 438f.

**Krieger, Emil**

Geb. 1902 in Kaiserslautern; nach Holzbildhauerlehre Studium an der Kunstgewerbeschule München bei Riemerschmid, Schirner und Niemeyer, 1925–31 bei Jos. Wackerle; Reisen nach Holland, Frankreich und Spanien, 1936 mit Rompreis nach Italien und Griechenland; schuf vor allem Bildnisse und Akte; lebte in München; gestorben 1979.

**99.** Porträt Heinrich Wieland, 1952

Literatur:

Vollmer 3 (1956), S. 120. – Die Kunst und das schöne Heim 51 (1952/53), S. 325–327.

**Kruse, Erik**

Geb. 1910 in Staats/Altmark; Kunstpädagogik-Studium an der Kunstakademie Düsseldorf, in Berlin und Leipzig; künstlerisches Fach: Bildhauerei; nach dem Krieg Unterricht an verschiedenen Schulen; 1952–54 zusammen mit HAP Grieshaber, s. d., Max Fuerst und Ludwig Greve Kunstschule und gemeinsame Arbeit im Kloster Bernstein, ab 1954 am Birklehof in Hinterzarten; danach bauplastische Arbeiten im Raum Freiburg und Kursleiter beim Studium generale an der Universität Freiburg; Ausstellungen in Berlin, Basel und Freiburg; lebt in Freiburg.

**79.** Stahlblechtüren mit Reliefs, 1959/60

**80.** Tür mit Metallgitter, 1959

**Kubach-Wilmsen**

1936 Wolfgang Kubach geb. in Bad Münster am Stein-Ebernburg/Pfalz; 1937 Anna Maria Kubach-Wilmsen geb. in Appeldorn/Niederrhein; 1959–65 Studium der Bildhauerei an der Akademie der Bildenden Künste München; 1965 Erwerb der alten Kirche Hackenheim vor Bad Kreuznach als Atelier; 1968 Kubach-Wilmsen-Team; lebt in Bad Münster am Stein.

**91.** B18 Buchobjekt: Schnapsbuch

Literatur:

Ausst.-Kat. Kubach-Wilmsen. Die Stein-Bibliothek, Hommage à Dejaiffe. Ausstellung im Regionalmuseum Xanten, November 1983 (mit einem Text von Hans van der Grinten, Tagebuchaufzeichnungen von Anna Kubach-Wilmsen und Fotos von Udo Giesen), München o.J. (1983/84). – V. Mertens: Bilder, Bücher und Steine, S. 268f. und 278 (B18).

**Lai, Maria**

Geb. 1919 in Ulassa/Sardinien; lebt in Rom.

**91.** B19 Buchobjekt: »una storia«, 1980

Literatur:

Ausst.-Kat. »buchobjekte«, S. 72, Kat.Nr. 50. – V. Mertens: Bilder, Bücher und Steine, S. 268 und 279 (B 19).

**Lakner, László**

Geb. 1936 in Budapest; 1954–60 Ausbildung an der Kunstakademie Budapest; 1968 Förderpreis des Folkwang Museums Essen, seit 1970 Buchobjekte und Buchbilder; 1972 Stipendium des Folkwang Museums Essen; 1974 Stipendium des Berliner Künstlerprogramms (DAAD); 1976 Kritikerpreis für bildende Kunst/Preis der Böttcherstraße Bremen; lebt seit 1974 in Berlin.

**91.** B20 Buchobjekt: Tribal Object (Stammstück, Buchaxt), 1974

Literatur:

Ausst.-Kat. »buchobjekte«, S. 73, Kat.Nr. 52. – V. Mertens: Bilder, Bücher und Steine, S. 279 (B20).

**Lardera, Berto**

Geb. 1911 in La Spezia, Italien; Schul- und Universitätsbesuch in Florenz; als Bildhauer Autodidakt; 1929 und 1935 Aufenthalte in Paris, 1939 in Südfrankreich; 1947 Niederlassung und Atelier in Paris; 1958–61 Lehrauftrag an der Hamburger Akademie; seit 1965 französischer Staatsbürger; lebt in Paris.

**73.** Heroischer Rhythmus IX, 1969

Literatur:

Ausst.-Kat. »Berto Lardera«, Kunstverein Freiburg i. Br., 15. März bis 20. April 1969 (Beiträge von Siegfried Bröse und Walter Müller). – M. Seuphor: Berto Lardera, Neuchâtel 1960. – Ausst.-Kat. Kunstverein Hannover 1971.

**Lavatelli, Carla**

Geb. 1928 in Rom; verbrachte einen Teil ihrer Kindheit in Afrika in großer Nähe zur Natur; lernte plastisches Arbeiten in Gießereien, bei Steinschneidern, Zimmerleuten und Stahlschweißern; seit 1956 amerikanische Staatsbürgerin; um 1960 Kontakte zu französischen Künstlern; trifft 1967 auf Marino Marini, Henry Moore, Jacques Lipchitz und Isamu Naguchi, mit dem sie sieben Jahre lang in Pietrasanta ein Atelier teilt; Zusammenarbeit mit ihrem Sohn Carlo Lavatelli Herrmann; lebt und arbeitet in Los Angeles und in Vado di Camaiore bei Florenz.

**131.** Golden Pond, 1973

Literatur:

Carla Lavatelli: The Work of Carla Lavatelli 1970–1984, New York 1984.

**Lehmann, Kurt**

Geb. 1905 in Koblenz; 1923–29 Studium an der Staatlichen Kunstakademie Kassel (Bildhauerei bei Prof. Alfred Vocke, Architektur bei Söder, Malerei bei Dulberg und Kay H. Nebel); 1929 Kunstpreis der Stadt Kassel; 1930 Staatsstipendium Villa Massimo, Rom, sowie zahlreiche weitere Kunstpreise; 1949–70 Professor an der Technischen Universität Hannover; 1973 Ehrengast der Villa Massimo, Rom; lebt in Staufen.

**93.** Sitzende, 1963

**96.** Laborgeister, 1954

Literatur:

Eduard Trier: Moderne Plastik. Von Auguste Rodin bis Marino Marini, Berlin 1954. – Künstlerverzeichnis Baden-Württemberg V. – Walter Passarge: Bildhauer Kurt Lehmann, Kassel 1957. – Kurt Lehmann. Skulpturen, Handzeichnungen, Großphotos. Ausst.-Kat. Kunsthistorisches Institut der Universität Mainz, Mainz 1961. – Kurt Lehmann 1905–1985. Eine Retrospektive. Ausst.-Kat. Koblenz/Hannover 1985, vgl. S. 166, Nr. H 30 (Laborgeister, kleine Bronzefassung). – Karin Bury: Der Bildhauer Kurt Lehmann. Diss. phil. Heidelberg 1993, Kat.Nr. 222 (Laborgeister) und 327 (Sitzende weibliche Figur).

**Leiber, Otto Ferdinand**

Geb. 1878 in Straßburg; Schüler von Ludwig Schmid-Reutte, Wilhelm Trübner und Hans Thoma an der Akademie in Karlsruhe; danach an der Akademie München bei Wolf und Volz; schuf vorwiegend Landschaften und Bildnisse; lebte zeitweise in Freiburg, befreundet mit Familie Spemann; gestorben 1958 in Königsfeld.

**108.** Porträtbüste Hans Spemann, 1942

Literatur:
Beringer/Theilmann: Badische Malerei 1770–1920, S. 159. – Thieme-Becker 22 (1928), S. 587. – L. Mühlfahrt: Lexikon Karlsruher Maler, S. 204.

## Lörcher, Alfred

Geb. 1875 in Stuttgart; 1892–94 Lehrzeit in der Bronzegießerei von Paul Stotz; 1894–96 Besuch der Kunstgewerbeschulen Stuttgart und Karlsruhe; 1898–1902 Studium an der Kunstakademie München (bei Rümann); Einfluß von A.v. Hildebrand und Nähe zum Künstlerkreis der »11 Scharfrichter«; danach fünf Jahre als freischaffender Bildhauer in Stuttgart, zwischendurch ein Jahr in Italien (Rom); 1909 Übersiedlung nach Berlin; Auseinandersetzung mit dem Werk Aristide Maillols; 1914–18 als freiwilliger Krankenpfleger in Rußland, Rumänien und Frankreich; 1919–1938 Professor an der Kunstgewerbeschule in Stuttgart; 1937 »Stehendes Mädchen« aus der Württembergischen Staatsgalerie als entartet beschlagnahmt; 1938–45 Lehrauftrag an der Kunstakademie Stuttgart; gestorben 1962.

**71.** Reiter, Relief 1960

Literatur:
Marlis Grüterich: Alfred Lörcher. Skulptur. Relief. Zeichnungen. Mit Werkverzeichnissen, Stuttgart 1976, S. 166 und 168 oben, Abb. 240, Kat. R 51. – Ausst.-Kat. »Alfred Lörcher. Gabriele Münter. Emy Roeder«, Staatliche Kunsthalle Baden-Baden 4. bis 31.12.1960.

## van Look, Hans-Günther

Geb. 1939 in Freiburg; 1958–63 Studium an der Kunstakademie Karlsruhe bei Georg Meistermann (Malerei) und bei Kindermann (Bildhauerei) sowie Architekturvorlesungen an der Technischen Universität Karlsruhe bei Prof. Egon Eiermann; 1961–62 Studienreisen durch Griechenland, Italien und Frankreich, 1968 durch Spanien und Nordafrika; tätig als Maler und Bildhauer in Freiburg (seit 1989 Atelier im E-Werk), Siegburg und Cadaqués.

**25.** Großer Lichthorizont IV, 1986

Literatur:
Hans H. Hofstätter: Van Look. Lichthorizonte. Malerei 1982–86. Galerie Regio, March-Hugstetten, Freiburg/Waldkirch 1987, Farbabb. S. 21. – Ausst.-Kat. »100 Jahre Stühlinger«, S. 99–104. – L. Mühlfahrt: Lexikon Karlsruher Maler. – Künstlerverzeichnis Baden-Württemberg V.

## Luz (Lutz), Sebastian

Geb. 1836 in Schelklingen bei Blaubeuren; besuchte das Freiburger Gymnasium; Johann Baptist Hirscher wurde auf seine zeichnerische Begabung aufmerksam und förderte seine weitere künstlerische Laufbahn; Luz wurde Schüler von W. Dürr d.Ä. (s.d.), danach Studium an der Stuttgarter Kunstschule (Prof. Neher); trotz starkem Hang zur Historienmalerei schuf er vor allem Werke der Kirchenkunst; 1866 restaurierte er den Oberried-Altar in der Universitätskapelle des Freiburger Münsters; gestorben 1898 in Freiburg.

**62.** Porträt Johann Baptist Hirscher (zugeschrieben)
Literatur:
Julius Dieffenbacher: Hebel-Illustratoren. Zur 150. Wiederkehr von Hebels Geburtstag, in: Schau-ins-Land 37 (1910), S. 1–62, hier S. 34–42 und 61 (Anm. 24); vgl. das Hirscher-Porträt von Luz, Abb. 53 (S. 35). – Thieme-Becker 23 (1929), S. 490.

### MacLean, Harry

Geb. 1908 in Berlin; 1930–38 Studium an der Hochschule der Bildenden Künste, Berlin; 1934–42 Lehrtätigkeit an der Lette-Schule, Berlin; Mitglied u.a. der »Gemeinschaft christlicher Künstler der Erzdiözese Freiburg«; lebt in Heidelberg.
**116.** Mosaik im Treppenhaus der Anatomie, 1954
(ohne Nr.:) Drahtplastiken in der Alten Universität, 1952 (nicht mehr vorhanden)
Literatur:
Künstlerverzeichnis Baden-Württemberg IV. – »Kunst in der Architektur« Land Baden-Württemberg.

### Mayer, B. H.

Besitzer der Hof-Kunstprägeanstalt B.H. Mayer in Pforzheim (sog. »Prägemayer«).
**129.** Plakette Friedrich Oltmanns, 1940.
Literatur:
Ausst. Kat. »Rudolf Mayer. Medaillen und Metallarbeiten der Jahrhundertwende«, Badisches Landesmuseum Karlsruhe, 22. Juli bis 27. November 1977, S. 41. – Zu F. Oltmanns: Hans Mohr: Botanik in Freiburg, in: Berichte der Deutschen Botanischen Gesellschaft 95 (1982), S. 525–531.

### Mayer, Peter

Am 30.6.1718 in St. Blasien getauft; Besuch der Klosterschule St. Blasien; ab Oktober 1738–1742 (ca.) Studium der Malerei an der Akademie der bildenden Künste in Wien (bei Jacob van Schuppen); ab 1744 Besuch der Kupferstecherklasse (bei Adolf Müller); um 1745 Tätigkeit in St. Blasien; ab 1750 Mitarbeit an den MONUMENTA AUGUSTAE DOMUS AUSTRIACAE des kaiserlichen Historiographen Pater Marquard Herrgott; 1755 Gesuch um Aufnahme als Bürger der Universität, dem der Senat 1756 zustimmte unter der Bedingung, daß er »ein Gedächtnis Stuck von seiner Kunst auf die Universität gratis zu verfertigen schuldig und verbunden seye.« (UA, A 10/44, Senatsprotokoll 28.2.1756); diese Bedingung löste er 1780 mit einem Porträt Kaiser Josephs II. zu Pferd ein; das Bild wurde beim Bombenangriff 1944 zerstört. Mayer schuf für die Universität vor allem Kupferstiche (u.a. Exlibris, Illustrationen für Publikationen Freiburger Professoren, v.a. J.A. Ritter von Rieggers); er arbeitete außerdem für die Klöster St. Blasien und St. Peter; starb 1800 in Freiburg.

**34.** Porträt Erzherzog Albrecht VI. von Österreich, 1757

Literatur:

Rudolph Morath: Peter Mayer 1718–1800. Der Universität Freiburg i.Br. Bürger, Kupferstecher und Maler, Freiburg/München 1983 (Freiburger Beiträge zur Wissenschafts- und Universitätsgeschichte), bes. S. 53f. und 125. – Ders.: Peter Mayer 1718–1800. Kupferstecher der Universität Freiburg, in: FUB Heft 69/70, Dezember 1980. – F. Schaub: Die Universität Freiburg in ihren Beziehungen zur Freiburger Kunst im 18. Jahrhundert, S. 73–76.

## Meistermann, Georg

Geb. 1911 in Solingen; Studium an der Düsseldorfer Akademie bei H. Nauen und E. Mataré; 1933 Ausstellungsverbot; 1944 Zerstörung aller in den 30er Jahren gemalten Bilder im Bombenkrieg; 1952 Professor am Städelschen Kunstinstitut Frankfurt/M.; 1955 Professor an der Düsseldorfer Akademie; 1960–76 Professor für Malerei an der Akademie Karlsruhe; 1965–67 Lehrauftrag an der Münchner Akademie; gestorben 1990 in Köln.

**94.** Betonglasfenster, 1956

Literatur:

Georg Meistermann: Werke und Dokumente. Hg. Archiv für Bildenden Kunst am Germanischen Nationalmuseum. Redaktion: Claus Peese, Ludwig Veit, Nürnberg/Klagenfurt 1981 (Werke und Dokumente, N.F. 3), S. 85, Abb. 91. – W. Grohmann: Der Staat als Mäzen (Abb.). – L. Mühlfahrt: Lexikon Karlsruher Maler. – M. Rees: Kunst im öffentlichen Raum, S. 145.

## Merten, Wilhelm Eugen

Geb. 1879 in Gaggenau; Studium an der Akademie in Karlsruhe sowie in Wien (bei Hellmer) und Paris (bei Rodin); lebte als Bildhauer und Keramiker in Freiburg i.Br.

**113.** Porträtbüste Ludwig Aschoff, 1943

Literatur:

Vollmer III (1956), S. 375.

## Messmer, Franz

Geb. 1728 in Antholz im Pustertal; Schuler von Martin van Mijten; 1765 als Hofmaler in Innsbruck, danach in Wien; wurde 1767 zusammen mit Jacob Kohl (s.d.) in die Wiener Akademie aufgenommen; gestorben 1773 in Wien.

**53.** Porträt des Hofrats Karl Anton von Martini, 1773–75

Literatur:

Günter Krüger: Ein Bildnis des Wiener Hofrates Karl Anton von Martini in der Freiburger Universität, in: Kunstwerke aus dem Besitz der Albert-Ludwig-Universität, S. 71–77. – F. Schaub: Die Universität Freiburg in ihren Beziehungen zur Freiburger Kunst im 18. Jahrhundert, S. 83–85. – Thieme-Becker 24 (1930), S. 434.

## Mettel, Hans

Geb. 1903 in Salzwedel; nach dreijähriger Steinbildhauerlehre 1925–28 Meisterschüler bei E. Scharff an der Berliner Akademie; 1930/31 in Rom, danach in Berlin; ab 1948 Professor, 1950–55 Direktor des Städelschen Kunstinstituts, Frankfurt/M.; lebte in Frankfurt/M.; starb 1966 in Falkenstein (Taunus).

**117.** Stehender, 1958/59

Literatur:

Ausst.-Kat. »Hans Mettel. Skulpturen, Medaillen, Zeichnungen, Druckgraphik«. Städelsches Kunstinstitut Frankfurt a.M. 30.9.–5.11.1972, Kat.Nr. 52 a (Abb. 25). – Eduard Trier: Moderne Plastik. Von Auguste Rodin bis Marino Marini, Berlin 1954, S. 52.

## Meyten (Mijten), Martin van (Schule)

s. Jakob Kohl, Franz Messmer und Franz Josef Rösch

## Mohr, Dietrich

Arbeitete in den 1960er Jahren in Paris

**98.** Messingplastik, 1968

## Moore, Henry

Geb. 1898 in Castleford, Yorkshire; nach kurzer Tätigkeit als Volksschullehrer Teilnahme am Ersten Weltkrieg; 1919 Hinwendung zur Bildhauerei; 1919–20 Studium an der Leeds School of Art. 1921 Stipendium für das Royal College of Art, an dem er 1926–32 auch lehrte; 1926 entstehen die ersten liegenden Figuren, 1929 treten zum ersten Mal Hohlräume in seinen Plastiken auf; die liegende Figur bleibt eines seiner zentralen Themen; gestorben 1986 in Much Hadham bei Cambridge.

**70.** Reclining Figure, 1953/54

Literatur:

Giulio Carlo Argan: Henry Moore, Stuttgart 1989. – Will Grohmann: Henry Moore, Berlin 1960, S. 39–52, bes. S. 50 und Abb. 48, 49. – W. Grohmann: Der Staat als Mäzen (Abb.). – Jürg Meyer zur Capellen: »Henry Moore und die Beurteilung seiner Plastik«, Vortrag 8.12.1982. – Ders.: Henry Moore als Fotograf der eigenen Werke. Zum Problem der Ansichtigkeit moderner figuraler Skulptur, in: Bruckmanns Pantheon 43 (1985), S. 183–191, hier S. 188f. (Abb.). – M. Rees: Kunst im öffentlichen Raum, S. 143f.

## Nagel, Hans

Geb. 1926 in Frankfurt/M.; als Bildhauer Autodidakt; ab 1958 Dozent an der Werkkunstschule Mannheim; in den sechziger Jahren Vertreter einer auf Präsentation und Materialschönheit abzielenden abstrakten Plastik aus vorfabrizierten und genormten Rohrbögen und -stücken, deren formale Ästhetik durch farbige Übermalung in der Spannung zwischen Dynamik und Statik noch gesteigert wird (K. Thomas); gestorben 1978 in Bonn.

**97.** Röhrenplastik, 1968

Literatur:

Thomas/de Vries (1977), S. 248.

## Nay, Ernst Wilhelm

Geb. 1902 in Berlin; 1921 Abitur in Schulpforta, danach Buchhändlerlehre, nebenher autodidaktische Weiterbildung in der Malerei; 1925–28 Malereistudium an der Berliner Akademie bei Carl Hofer; 1937/38 als Gast

Edvard Munchs auf den Lofoten; 1940/42 Kriegsdienst; 1943 Besuch bei Kandinsky in Paris; über die Beschäftigung mit Delaunay fand Nay 1943 zu seinem Stil der rhythmischen Gestaltung der Bildfläche aus der Farbe; nach 1945 endgültige Abkehr vom Gegenstand; 1952 Beginn der Werkperiode der »Rhythmischen Bilder«; 1955 Publikation der Schrift »Vom Gestaltwert der Farbe«; lebte seit 1951 in Köln, wo er 1968 verstarb.

**95.** Das Freiburger Bild, 1956

Literatur:

Aurel Scheibler: Ernst Wilhelm Nay. Werkverzeichnis der Ölgemälde. Mit einer Einführung von Siegfried Gohr und erläuternden Texten zu den 10 Werkgruppen von Elisabeth Nay-Scheibler. Hg. vom Museum Ludwig, Köln, 2 Bde, Köln 1990, Bd. 2, S. 62 und Kat.Nr. 812. – Werner Haftmann: Ernst Wilhelm Nay, Köln 1960, S. 175–184 (Farb-Abb.). – E.W. Nay 1902–1968. Bilder und Dokumente. Hg. Archiv für Bildende Kunst am Germanischen Nationalmuseum Nürnberg, München 1980, S. 155–157, Zitate aus E.W. Nay, »Vom Gestaltwert der Farbe«, S. 136 und 142. – Ausst.-Kat. »Westkunst. Zeitgenössische Kunst seit 1939«, Köln 1981, S. 215 und 420 (Kat.Nr. 479). – W. Grohmann: Der Staat als Mäzen (Farbabb.). – Ausst.-Kat. »1945 bis 1985. Kunst in der Bundesrepublik Deutschland«, Nationalgalerie Berlin 1985/86, Kat.Nr. 66, Farbtafel S. 78/79. – M. Rees: Kunst im öffentlichen Raum, S. 139f. – V. Mertens: Die künstlerische Ausstattung des neuen Kollegiengebäudes, S. 146–148.

### Nufer (Nuferer, Neufferer), Wendel

Geb. in Herrenberg; schuf als Hauptwerk 1586–89 die Stukkierung der Hechinger Franziskanerkirche St. Luzen.

**16.** Heiligkreuzkapelle im Peterhof, 1587 (zugeschrieben)

Literatur:

Thieme-Becker 25, S. 535. – Diözesanarchiv von Schwaben 20 (1902), S. 154f.

### Palmtag, Jürgen

Geb. 1951 in Schwenningen am Neckar; 1972–78 Hochschule für Bildende Künste Berlin (freie Graphik bei Prof. Gerhard Bergmann); 1977 Meisterschüler bei Prof. Bergmann; 1980 Märkisches Stipendium für Bildende Kunst, Lüdenscheid; 1986 Stipendium der Kunststiftung Baden-Württemberg; lebt in Schörzingen.

**91.** B21 Buchobjekt: »17 Profile 3 Baggerzähne«, 1979/80

Literatur:

Ausst.-Kat. »Jürgen Palmtag. Malerei, Zeichnung, Radierung«. Städtische Galerie Albstadt. Morat-Institut Freiburg im Breisgau. Albstadt 20. August bis 24. September 1989. – Ausst.-Kat. »Jürgen Palmtag. Malerei und Zeichnungen«. Hans-Thoma-Gesellschaft, Reutlingen, Spendhaus, 16. Mai–27. Juni 1982. – V. Mertens: Bilder, Bücher und Steine, S. 289 (B 21).

### Rickert, Arnold

Geb. 1889 in Zoppot bei Danzig als Sohn des Philosophen Heinrich Rickert und der Bildhauerin Anna Sophie Rickert; Ausbildung als Holz-, Stein- und Metallbildner: Studium in Berlin (bei Hermann Engelhardt) und an der Akademie München (bei Erwin Kurz); 1919–28 freischaffend in Freiburg tätig; 1928 als Lehrer an die Kunstgewerbeschule in Bielefeld berufen; seit 1939 Oberaufsicht über die Grabmalsgestaltung der städtischen Friedhöfe; zahlreiche kirchliche Aufträge; 1974 in Bielefeld gestorben.

**41.** Denkmal für die Gefallenen der Universität, 1928

**46.** Gedenktafel, 1929

Literatur:

Kunsthalle der Stadt Bielefeld, Katalog der Gemälde und Skulpturen des 20. Jahrhunderts, bearb. von Donata von Puttkamer. Hg. von Ulrich Weisner, Bielefeld 1985. – Hans-Josef Wollasch (Hg.): Militärseelsorge im Ersten Weltkrieg. Das Kriegstagebuch des katholischen Feldgeistlichen Benedict Kreutz, Mainz 1988 (Veröffentlichungen der Kommission für Zeitgeschichte, Reihe A: Quellen, Bd. 40), S. lix, Anm. 176. – Quellen: Deutscher Caritas-Verband e.V., Archiv, Freiburg: 081 IV Kr und 081 IV Bi: Brief von Engelbert Krebs vom 24.11.1925.

### Rißler, Karl

Geb. 1917 in Oberprechtal (Schwarzwald); nach Lehre als Glasmaler und Keramiker autodidaktische Studien als Metallbildner; erste künstlerische Arbeiten um 1950; seither zahlreiche Arbeiten im kirchlichen und öffentlichen Raum; langjähriger Vorsitzender des Bundesverbandes Bildender Künstler in Südbaden; lebt in Freiburg.

**68.** Gedenkplatte an der Stelle der Synagoge, 1962

Literatur:

Vollmer 6 (1962), S. 379. – Baden-Württemberg 10 (1961), H.6, S. 41. – Das Münster 11 (1958), S. 147 und 12 (1959), S. 279 (Abb.). – Baukunst und Werkform 13 (1960), S. 56. – Ausst.-Kat. »Kunst in der Architektur«, Stuttgart, Landespavillon. – P. Kalchthaler: Freiburg und seine Bauten, S. 61. – Quellen: UBA, FR 0 552/9.

### Rösch, Franz Josef

Geb. 1724; um 1738–47 Studium an der k.k. Hofakademie in Wien; lehrte danach zwei Jahre als »Zeichnungsmeister« Perspektive und Geometrie als Grundlage für Architektur und Fortifikation am k.k. Stift für verwaiste Offizierskinder; um 1750–56 Besuch verschiedener anderer königlicher Hofakademien und Galerien (u.a. Dresden und Prag); war für verschiedene Reichsfürsten, u.a. in Preßburg und Regensburg tätig; 1756 ersuchte er bei der Freiburger Universität um das akademische Bürgerrecht; Direktor der Freiburger Zeichenschule; starb 1777 in Freiburg. – Rösch malte Porträts und Miniaturen nach dem Schema der Wiener Hofporträtmalerei im Stil des Martin van Mijten, des Direktors der Wiener Akademie für höfische Porträtdarstellung.

**54.** Bildnis der Kaiserin Maria Theresia, 1777

**55.** Bildnis Kaiser Josephs II., 1777

Literatur:

F. Schaub: Die Universität Freiburg in ihren Beziehungen zur Freiburger Kunst im 18. Jahrhundert, S. 77f. und 83f. – Hermann Ginter: Südwestdeutsche Kirchenmaler des Barock: Die Konstanzer und Freiburger Meister des 18. Jahrhunderts, Augsburg 1930, S. 13 und 16, Anm. 273. – Gertrud Albrecht: Bilder wollen erinnern. Maria Theresia und Joseph II. in der

Albert-Ludwigs-Universität Freiburg, in: Freiburger Almanach 17 (1966), S. 106–111. – Thieme-Becker 28 (1934), S. 497. – Heinrich Schreiber: Geschichte der Stadt Freiburg i.Br. IV, Freiburg 1858, S. 365.

**Rop(er)stein, Hans von**: s. Gitschmann, Hans

**Rus-Batin, Vasile**

Geb. 1938 in Rumänien; Studium in Cluj (Klausenburg). V. Rus-Batin zählt zu den bedeutendsten Vertretern des Realismus in der rumänischen Bildhauerei; er profilierte sich durch Holz- und Steinarbeiten mit Figuren aus der Karpatenmythologie und der rumänischen Geschichte: »Stefan der Große«, »Michael der Tapfere« und die »Apostel der latinistischen Schule Transsylvaniens« gehören zu seinen gelungensten Werken. Er arbeitete lange Jahre als Bühnenbildner am Nationaltheater und Opernhaus in Cluj und verfügt über ein ansehnliches Atelier in Cluj.

**67.** Porträtbüste des rumänischen Dichters Mihai Eminescu

Quelle: Freundliche Mitteilung von Frau Dr. Elsa Lüder.

**Sachs, Petrus**

Arbeitete zu Anfang des 16. Jahrhunderts als Goldschmied in Freiburg.

**133.** Universitätsszepter, 1512

Literatur:

Günther W. Vorbrodt und Ingeborg Vorbrodt: Die akademischen Szepter und Stäbe in Europa. Vorgelegt von Walter Paatz, Heidelberg 1971 (Heidelberger Akademie der Wissenschaften), Corpus Sceptrorum I,1, S. 71f. – Ingeborg Schroth: Die Szepter der Universität, in: Kunstwerke aus dem Besitz der Albert-Ludwig-Universität (1957), S. 43–46. – Walter Paatz: Sceptrum universitatis. Die europäischen Universitätsszepter, Heidelberg 1953 (Heidelberger Kunstgeschichtliche Abhandlungen N.F. 2), S. 41, 54, 69, 99. – Joseph Rest: Beiträge zur Geschichte der Universität Freiburg, in: ZFG 28 (1912), S. 125–146, hier S. 145f.

**von Sanden-Guja, Edith**

Geb. 1894 in Neustadt a.d. Dosse als Tochter des Landstallmeisters von Schlüter; mit zwölf Jahren schuf sie erste Tierplastiken, mit siebzehn Jahren besuchte sie die Kunstschule Düsseldorf; 1914 Heirat mit dem ostpreußischen Gutsbesitzer und Naturschriftsteller Walter von Sanden-Guja; nach der Geburt zweier Kinder (1919 und 1921) Besuch der Kunstakademie in Königsberg; im Salzburger Land Ausbildung in Holzbildhauerei bei dem Bildhauer Jakob Adlhart d.Ä. (1871–1956), am Ammersee in Bayern Weiterbildung im Arbeiten in Bronze; nach dem Verlust der Güter Launigken und Guja im 2. Weltkrieg lebte das Ehepaar Sanden in Hüde/Westfalen; 1954 Goldene Medaille für Bildhauerarbeiten Kunstschule Düsseldorf (?). Edith von Sanden starb, verwitwet, 1979 in einem Altenheim in Oldenburg.

**110.** Fischotter

**112.** Kolkrabe (gestohlen)

Literatur:
Detlef Müller-Üsing: Ausstellungskatalog Edith von Sanden-Guja 1962. – Gemeinschafts-Ausst. Düsseldorf 1954. – Quellen: Nachlaß Fritz Hollberg, Lembruck. – Manuskript von Frau Amélie Koehler.

**Schelenz, Walter**

Geb. 1903 in Karlsruhe; 1922–23 Studium an der Badischen Landeskunstschule in Karlsruhe; 1923–27 an der Akademie der Bildenden Künste in Dresden (Meisterschüler von Karl Albiker); 1927 Bildhauer-Atelier in Neubabelsberg bei Potsdam; 1940–45 Kriegsdienst (technischer Zeichner beim Luftwaffenstab); Verlust fast des gesamten bisherigen Werks im sowjetisch besetzten Neubabelsberg; 1945 Übersiedlung nach Menzenschwand/Schwarzwald; 1947 Gründung der Staatlichen Kunsthandwerkschule, Schloß Bonndorf; 1957 Mitglied des Deutschen Künstlerbundes; 1959 Kunstpreis Oberrhein; 1970 Reinhold-Schneider-Preis der Stadt Freiburg; 1973 Ehrengast der Villa Massimo, Rom; starb 1987 in Freiburg.

**14.** Relief Erzherzog Albrecht VI., 1955

Literatur:
Sabine Fischer: Zwischen Tradition und Moderne: Der Bildhauer Walter Schelenz (1903–1987). Eine monographische Studie mit Werkkatalog, Diss. phil. Freiburg 1990, München 1991, S. 212, Kat.Nr. 140. – Ausst.-Kat. Walter Schelenz. Ein Werkverzeichnis. Kunstverein Freiburg. Schwarzes Kloster 7.5.–5.6.1983, Freiburg 1983. – Herder-Lexikon der Kunst X (1989), S. 290f.

**Schmettau, Joachim**

Geb. 1937 in Bad Doberan; lebt seit 1945 in Berlin; 1961 Meisterschüler bei Prof. Schrieber; 1967 Mitglied des Deutschen Künstlerbundes; 1971 Professur an der Hochschule der Künste, Berlin; 1972 Gründungsmitglied der Gruppe Aspekt; zahlreiche Kunstpreise und Arbeiten im öffentlichen Besitz.

**85.** Mann und Frau, Brückenfiguren, 1978

Literatur:
Ausst.-Kat. »Joachim Schmettau«. Neuer Berliner Kunstverein/ Staatliche Kunsthalle Berlin, 26.9.–25.10.1987, Kat.Nr. 107; Abb. S. 92. – Ausst.-Kat. Joachim Schmettau. Skulpturen und Zeichnungen 1960–1980. Kunstverein Hannover, 7.12.1980–1.2.1981.

**Schmidt, Johannes**

Geb. 1903 in Freiburg; 1919–21 Lehre als Dekorationsmaler mit Gesellenprüfung, anschließend Volontär in der Münsterbauhütte; nach 1918 Schüler von Julius Bissier (s.d.); fertigt mit diesem zusammen Gebrauchsporzellan mit künstlerischem Dekor für die Stühlinger Firma Keradenta; 1923/24 Bildhauerei-Studium an der Hochschule für Bildende Künste Berlin bei Wilhelm Gerstel (s. d.) und 1925/26 an der Akademie Dresden bei Karl Albiker (zusammen mit Walter Schelenz, s. d.); 1926 als selbständiger Bildhauer in Freiburg; übernimmt die Steinwerkstatt des Bildhauers Arnold

Rickert (s.d.); Freundschaft mit Julius Bissier, mit dem er zeitweise das Atelier teilt; modelliert 1928 fünf Chirurgenporträts für das Hauptportal der Chirurgischen Klinik; zusammen mit Bissier Besuch bei Brancusi in Paris; ab etwa 1931 Bau von Segelfliegern, ab 1935 als Ingenieur bei den Argo-Flugzeugwerken in Oschersleben/Bode; 1949–73 Lehrtätigkeit an der Freiburger Meisterschule für Bildhauer und Steinmetzen; nach dem Krieg rege Tätigkeit für den Aufbau des Kunstlebens in Freiburg; Mitwirkung in Kunst-, Wettbewerbs- und Ausstellungskommissionen; starb 1989 in Kirchzarten.

**124.** Metallplastik, 1961/62

Literatur:

Werner Klipfel: Johannes Schmidt, in: Ausst.-Kat. »100 Jahre Stühlinger«, S. 113–120. – Ausst.-Kat. »réalité 58«. Rudolf Dischinger, Bert Jäger, Willy Kiwitz, Reinhard Schakowski, Walter Schelenz, Johannes Schmidt, Walter Wohlschlegel. Kunstverein Freiburg 14. September bis 12. Oktober 1958 (Text: Siegfried E. Bröse).

**Schönleber, Gustav**

Geb. 1851 in Bietigheim/Württemberg; nach einer Ausbildung als Maschinenbauer trat er 1869 in das Stuttgarter Polytechnikum ein; 1870–73 Schüler von A. Lier an der Münchener Akademie; blieb daselbst in den folgenden Jahren ansässig und unternahm Studienreisen nach Italien; seit 1880 als Nachfolger von H. Gude Professor für Landschaftsmalerei an der Karlsruher Akademie; zahlreiche Aufenthalte in Holland (seit 1873), an der Nord- und Ostsee, an der Riviera, in Belgien und Frankreich; gestorben 1917 in Karlsruhe.

**22.** Blick von Ebersteinburg über die Rheinebene, 1911/12

Literatur:

Jos. August Beringer: Gustav Schönleber, Karlsruhe 1924, S. 105, 108, 110 (Abb.) und 131. – Renate Miller-Gruber: Gustav Schönleber 1851–1917. Monographie und Werk-Verzeichnis, Diss. phil. 1984, Karlsruhe 1990, S. 51, Anm. 354 und Kat.Nr. 937 (Abb. S. 211). – Dies.: Gustav Schönleber – Ein schwäbischer Landschaftsmaler in Baden, in: Badische Heimat 71 (1991), Heft 4, S. 597–612, hier S. 609 (mit Abb.).

**Scholderer, Otto**

Geb. 1834 in Frankfurt/M.; studierte 1849–52 am Städelschen Kunstinstitut bei J.D.Passavant und Jakob Becker; nach kurzem Aufenthalt in Düsseldorf in München und Paris, wo er mit Manet und Leibl verkehrte; 1871–99 Übersiedlung nach London; schuf neben Stilleben vor allem Bildnisse, stilistisch zwischen Romantik und Impressionismus vermittelnd; seine letzten beiden Lebensjahre verbrachte er in Frankfurt/M., wo er 1902 starb.

**105.** Porträt August Weismann, 1896

Literatur:

Friedrich Herbst: Otto Scholderer 1834–1902. Ein Beitrag zur Künstler- und Kunstgeschichte des 19. Jahrhunderts, Diss. phil. Heidelberg 1934, Frankfurt/M. 1934, Kat.Nr. 354 (als »Verbleib unbekannt«). – Klaus Sander (Hg.): August Weismann (1834–1914) und die theoretische Biologie des 19. Jahrhunderts. Urkunden, Berichte und Analysen, in: FUB 87/88 (Juli 1985), S. 27 (Farbtafel). – Quelle: Zeugnis von Luise Scholderer, London, 17.5.1910, Julius Weismann-Archiv e.V., Duisburg.

**Seele, Johann Baptist**

Geb. 1764 in Meßkirch, aufgewachsen in ärmlichsten Verhältnissen. 1789 Zögling der Hohen Carlsschule in Stuttgart; um 1794 in Paris, dort beeinflußt von der Malerei Jacques-Louis Davids. Tätigkeit als Porträtist, Genre- und Schlachtenmaler, u.a. für den Donaueschinger, den Karlsruher und den Stuttgarter Hof; 1804 in Stuttgart Ernennung zum Hofmaler und Galeriedirektor; 1814 gestorben in Stuttgart.

**57.** Porträt Erzherzog Karl von Österreich, 1803 (Kopie von C. Caspar, s. d.)

Literatur:

Hermann Mildenberger: Der Maler Johann Baptist Seele, Tübingen 1984, Nr. 70b. – Ders. in: Schwäbischer Klassizismus zwischen Ideal und Wirklichkeit, 1770–1830, Katalog, hg. von Christian von Holst, Staatsgalerie Stuttgart 1993, Kat.Nr. 127. – Katalog der Erzherzog Carl-Ausstellung zur Jahrhundertfeier der Schlacht bei Aspern, Wien 1909, S. 207, Nr. 45.

**Seffner, Carl**

Geb. 1861 in Leipzig; Bildhauer; Dr. med. h.c.; Schüler von M.A. Zur Strassen und Hundrieser; Denkmal- und Porträtaufträge vor allem in Leipzig, weiterhin u.a. in Berlin, Breslau, Dresden, Hamburg sowie für die Universitäten Heidelberg und Straßburg tätig; gestorben 1932 in Leipzig

**119.** Porträtbüste Oswald Schmiedeberg, 1908

Literatur:

Thieme-Becker 30 (1936), S.436f. – J. Koch-Weser/P.J. Schechter: Schmiedeberg in Strassburg 1872–1918: The making of modern Pharmacology, in: Life sciences 22 (1978), S. 1361–1371.

**Sporrer (Sporer), Fidelis**

Geb. 1733 in Weingarten; Ausbildung zum Holzbildhauer in Stuttgart, Augsburg und München; bewarb sich 1753 um Aufnahme in die Zunft in Freiburg i.Br.; erhielt Aufträge in Weingarten, Wiblingen, Friedrichshafen-Buchhorn, Gebweiler und St. Gallen, wo er von Wentzinger als Mitarbeiter herangezogen wurde; starb 1811 in Gebweiler/Elsaß.

**20.** Immaculata conceptio am Haus zur Lieben Hand, um 1770

Literatur:

Thieme-Becker 31, S. 402. – Lore Noack-Heuck: Die Immaculata am Haus zur Lieben Hand, in: Das Münster 4 (1951), S. 287ff. – Ausst.-Kat. »Kunstepochen der Stadt Freiburg. Ausstellung zur 850-Jahr-Feier«, Augustinermuseum Freiburg 24.5.–26.7.1970, Kat.Nr. 427, Abb. 67.

**Stadler, Toni**

Geb. 1888 in München; 1906–1907 Studium an der Kunstgewerbeschule München; 1909 Eintritt in das Atelier des Bildhauers August Gaul in Berlin; Tierplastiken nach Studien im Berliner Zoo; Kontakte mit Max Lieber-

mann und Paul Cassirer; 1911 Rückkehr nach München; Einfluß von Adolf von Hildebrand; 1914–18 Kriegsdienst; 1919–1925 Münchener Akademie der bildenden Künste (bei Hermann Hahn); 1925 Heirat mit Hedda Kaulbach; 1925–27 in Paris; Begegnung mit Aristide Maillol und der Kunst Renoirs; 1927 Rückkehr nach München; 1935 und 1938 Aufenthalte in Rom (Villa Massimo), Florenz und Griechenland; 1942–45 Professur an der Städel-Schule, Frankfurt/M.; 1942 Heirat mit Priska von Martin; 1946–58 Professur an der Akademie der bildenden Künste, München. Zahlreiche Kunstpreise, Ehrungen und Einzelausstellungen; starb 1982 in München.
**12.** Mädchen mit Vogel, 1956
Literatur:
W. Grohmann: Der Staat als Mäzen, (Abb.). – Doris Schmidt: Toni Stadler, St. Gallen 1971. – Ausst.-Kat. »Toni Stadler«, Städtische Galerie im Lenbachhaus München, 13.12.1978–21.1.1979 (ohne Nennung der Freiburger Figur). – M. Rees: Kunst im öffentlichen Raum, S. 144.

**Thomann, Ernst**
Geb. 1910 in Emmendingen; Bildhauer; Studium an der Hochschule der Bildenden Künste, Berlin, bei Prof. Vocke und als Meisterschüler bei Prof. Ludwig Gies; arbeitet vor allem in Schweißtechnik mit verschiedenen Metallen; 1986 Kulturpreis der Stadt Emmendingen; lebt in Emmendingen.
**65.** Vogelzug, Gipsschnitt 1954
Literatur:
Künstlerverzeichnis Baden-Württemberg V. – Ausst.-Kat. Kunstverein Freiburg – ART Basel 4/1973. – 20. Jahresausstellung Künstlerbund Baden-Württemberg.

**Uhlmann, Hans**
Geb. 1900 in Berlin; 1919–24 Studium an der Technischen Hochschule Berlin (mathematische und technisch-konstruktive Probleme); 1925 erste bildhauerische Versuche; 1926–33 Lehrtätigkeit an der Technischen Hochschule, Berlin; 1933–35 zu Gefängnis verurteilt wegen »Vorbereitung zum Hochverrat«; 1935–45 als Ingenieur tätig; 1945 erste Ausstellung der seit 1935 entstandenen Draht- und Eisenblechplastiken; 1950 Berliner Kunstpreis, Berufung an die Hochschule für Bildende Künste, Berlin; zahlreiche Auszeichnungen und Einzelausstellungen; 1975 gestorben in Berlin.
**81.** Schwebende Skulptur, 1957
**117.** Stahlrelief, 1960
Literatur:
Werner Haftmann: Hans Uhlmann. Leben und Werk. Œuvreverzeichnis der Skulpturen von Ursula Lehmann-Brockhaus, Berlin 1975, S. 72–75 und Œuvreverzeichnis Nr. 138 (Schwebende Skulptur); S. 92f. und Œuvreverzeichnis Nr. 188 (Stahlrelief), Farbabb. S. 61. – W. Grohmann: Der Staat als Mäzen (Abb.). – M. Rees: Kunst im öffentlichen Raum, S. 145.

**Ulrichs, Timm**
Geb. 1940 in Berlin; 1959–66 Architekturstudium an der Technischen Hochschule in Hannover; seit 1959 »Werbezentrale für Totalkunst«; als

Künstler Autodidakt; seit 1972 Professur für allgemeine Kunst am Institut für Kunsterzieher Münster; lebt in Hannover und Münster.

**91.** B22 »Handlese-Kunstbuch« (Chiromantisches Manuskript), 1966/77

Literatur:

Ausst.-Kat. »buchobjekte«, S. 92, Kat.Nr. 73. – V. Mertens: Bilder, Bücher und Steine, S. 268 und 279f. (B 21).

**Valck (Valk), Gerard und Leonard**

Gerard Valk, geb. 1651/52 in Amsterdam als Sohn eines Silberschmieds; Kupferstecher, Kartograph und Kunsthändler; gab 1696 zusammen mit P. Schenk ein großes Landkartenwerk heraus; arbeitete später mit seinem Sohn Leonard zusammen; starb 1726 in Amsterdam.

**132.–133.** Erd- und Himmelsglobus, 1715

Literatur:

Ruthardt Oehme: Alte Globen aus dem Besitz der Universität, in: Kunstwerke aus dem Besitz der Albert-Ludwig-Universität, S. 61f. – Thieme-Becker 34 (1940), S. 48. – Alfred von Wurzbach: Niederländisches Künstler-Lexikon, Bd. 2, Wien/Leipzig 1910.

**Völkle, Bernd**

Geb. 1940 in Müllheim/Baden; 1957 Allgemeine Gewerbeschule, Basel, bei M. Christ und W. Bodmer; 1965 Stipendium des Kulturkreises im Bundesverband der deutschen Industrie; 1967 Stipendium der Aldegrever-Gesellschaft Münster; 1968 Rompreis Villa Massimo; 1977/78 Gastlehrauftrag an der Staatlichen Akademie der bildenden Künste, Karlsruhe; 1982 Reinhold Schneider-Preis, Freiburg; lebt in Tannenkirch/Baden.

**74.** Wandmalerei, 1969/70

**127.** Rotes, 1966

Literatur:

Ausst.-Kat. »Bernd Völkle«, Museums- und Kunstverein Osnabrück, Dominikanerkirche Osnabrück 3.–30.1.1985.

**Volz, Hermann**

Geb. 1847 in Karlsruhe; vor 1869 Architekturstudium am Polytechnikum in Karlsruhe; 1871 an der Kunstschule in Karlsruhe als Schüler von Carl Johann Steinhäuser (Bildhauerei); 1872 Italienreise; 1873 Schüler des Malers Hans Canon in Stuttgart; 1879 Professor an der Karlsruher Kunstgewerbeschule; 1880–1919 Professor an der Akademie in Karlsruhe; mehrere Italienreisen; schuf für die Universität Freiburg außer den genannten Werken eine Porträtbüste des Mediziners Kußmaul (bis zur Zerstörung 1944 vor dem Physiologischen Institut in der Albertstraße; vgl. Beringer, S. 55 und 58) und 1880 eine Büste des Anatomen Alexander Ecker (früher vor dem Anatomischen Institut in der Albertstr., heute vor der Medizinischen Klinik); gestorben 1941 in Karlsruhe.

**48.** Büste Großherzog Friedrich I., 1911
**49.** Büste Großherzog Friedrich II., 1911
Literatur:
Josef August Beringer: Hermann Volz. Sein Leben und Schaffen, Karlsruhe 1923, S. 83. – Denkmäler, Brunnen und Freiplastiken in Karlsruhe, S. 695f. – V. Mertens: Die künstlerische Ausstattung des neuen Kollegiengebäudes, S. 135–136.

**Walcker, Oscar, und Werner Walcker-Mayer**
Oscar Walcker (1869–1948), Leiter der Orgelbau-Firma E.F. Walcker & Cie in Ludwigsburg.
**52.** Praetorius-Orgel, 1955
Literatur:
Albrecht Riethmüller: Die Praetorius-Orgel der Universität Freiburg i.Br., in: FUB 57, September 1977, S. 39–58.

**Waydelich, Raymond E.**
Geb. 1938 in Straßburg; 1953–57 Studium an der École d'Art Décoratif, Straßburg; 1957–59 Studium an der École Nationale Supérieure des Beaux Arts, Paris. 1961 erste Photoreportage über archäologische Ausgrabungen in Algerien; 1970 Reise durch Nordtunesien und archäologische Arbeit in »Tabarka«; 1971 archäologische Untersuchungen und »Memorisationen«; erster Objektkasten einer abgeschlossenen »Memorisation«; 1972 »Fossilien unserer Zeit« und »Archäologische Untersuchungen der Zukunft«. 1973 Beginn des Zyklus »Lydia Jacob«; lebt in Straßburg-Neudorf.
**91.** B23 Buchobjekt: »Versteinertes Buch«, 1978
**91.** B24 Buchobjekt: »Für die Zukunft restauriertes Buch«, 1979
**91.** B25 Buchobjekt: »Unlesbar restauriertes Buch« (Lydia Jacob), 1979
Literatur:
Ausst.-Kat. »buchobjekte«, S. 98, Kat.Nr. 79,2; 80,2; 81,3. – Ausst.-Kat. »Raymond E. Waydelich. Lydia Jacob Story«, Galerie Regio Hugstetten, o.J. – Ausst.-Kat. »Raymond E. Waydelich. Lydia Jacob Story 1973–1989«, Galerie in der Stadthalle, Kehl 1990. – V. Mertens: Bilder, Bücher und Steine, S. 268 und 280f. (B 23–25).

**Weber, Dominik**
Lebte in Freiburg; signierte und datierte Altarbilder sind aus den Jahren 1856 und 1873 überliefert.
**65.** Porträt Franz Carl Grieshaber, 1849
Literatur:
Thieme-Becker 35 (1942).

**Werner, Theodor**
Geb. 1886 in Jettenburg/Wittenbg.; 1890 Umzug der Familie nach Tübingen; 1902–08 Lehrer an der Bildungsanstalt Kirchheim; ab 1908 Studium an der Stuttgarter Akademie (Zeichenklasse Robert Poetzelsberger) zusam-

men mit W. Baumeister und O. Meyer-Amden; 1909–14 im Winter als Maler in Paris und im Sommer als Lehrer in Stuttgart; 1914–18 Kriegsdienst; 1919–29 als Maler in Großsachsenhausen bei Stuttgart; Förderung durch den Sammler Hugo Borst; 1930–35 in Paris Kontakte zu anderen abstrakt arbeitenden Künstlern; 1931 erstes ungegenständliches Bild; 1932 in Paris Mitglied der Künstlergruppe »Abstraction – Création« um Gabo und Pevsner; 1935 Rückkehr in das nationalsozialistische Deutschland; dort 1938/39 Ankauf »entarteter« Gemälde aus ehemaligem Museumsbesitz, heute z.T. Bayer. Staatsgemäldesammlungen München; 1945 bei Bombenangriff Zerstörung fast des gesamten bisherigen Œuvres; nach dem Krieg bei harten Existenzbedingungen erste öffentliche Erfolge; 1951 Kunstpreis von Berlin zusammen mit Alexander Camaro (s. d.); es folgen weitere Preise und Förderungen durch Aufträge; 1959 Übersiedlung nach München; 1962 Verleihung des Professorentitels; Ehrenmitglied der Stuttgarter Akademie der Künste; gestorben 1969 in München.

**76.** Dreiteiliges Wandbild, 1953–62

Literatur:

Brigitte Lohkamp: Theodor Werner. Ein Beitrag zur Geschichte der deutschen abstrakten Malerei und Künstlerästhetik, Diss. phil. München 1975 (Zitate S. 137). – Kindlers Malerei Lexikon. – Thieme-Becker 35 (1942). – Vollmer V (1961). – Ausst.-Kat. Theodor Werner. Werke aus den Jahren 1909–1961, Akademie der Künste Berlin 1962.

**Wernet, Hans Peter**

Geb. 1941 in Freiburg; nach Steinbildhauerlehre in Freiburg ab 1965 Studium an der Kunstakademie in Karlsruhe bei Prof. Hans Kindermann und Prof. Walter Förderer; arbeitet vor allem als Steinbildhauer im Bereich Kunst am Bau; lebt und arbeitet in Freiburg.

**75.** Drei Mühlsteinplastiken, 1971

**Winter, Fritz**

Geb. 1905 in Altenbögge/Westf.; 1927–30 als Schüler von P. Klee, W. Kandinsky und O. Schlemmer am Bauhaus in Dessau; 1930–33 in Berlin; 1949 Rückkehr aus Kriegsgefangenschaft; ab 1955 Professor an der Akademie in Kassel; gestorben 1976 in Herrsching/Ammersee.

**92.** Die Herbstfelder, 1961

Literatur:

Gabriele Lohberg: Fritz Winter. Leben und Werk, mit Werkverzeichnis der Gemälde, München 1986, S. 92 und Abb. 124; WV Nr. 2314 (als Verbleib »unbekannt«). – Ausst.-Kat. Fritz Winter, Kunstverein Kassel 1962, Kat.Nr. 30. – Joachim Büchner: Fritz Winter, Recklinghausen 1963 (Monographien zur rheinisch-westfälischen Kunst der Gegenwart), Nr. 51.

**Zanner, Ignatius**

Geb. 1721 in Eichstett in Franken; Jesuit (bis zur Aufhebung der Societas Jesu 1773); seit 1765 Mitglied der Philosophischen Fakultät der Freiburger

Universität: 1765–78 Professor für Reine Mathematik; 1778 bis zu seiner Emeritierung 1792 Professor für Dogmatische und experimentelle Physik; starb 1801 in Freiburg.

**138.** Astronomische Uhr, 1775

Literatur:

Eduard Zentgraf (Hg.): Aus der Geschichte der Naturwissenschaften an der Universität Freiburg i.Br., Freiburg 1957 (Beiträge zur Freiburger Wissenschafts- und Universitätsgeschichte, 18), S. 12–14. – H. Schreiber: Geschichte der Albert-Ludwigs-Universität Freiburg im Breisgau, III, S. 108f.

## Zettler, Franz Xaver

Geb. 1841 in München; gelernter Kaufmann; bildete sich künstlerisch als Glasmaler und kunstgeschichtlich fort, wurde Mitarbeiter, später Leiter der J.G. Mayerschen Kunstanstalt für kirchliche Arbeiten; begründete 1871 in München das »Institut für kirchliche Glasmalerei« (später Königlich Baierische Hofglasmalerei); seinem Betrieb kommt ein beträchtlicher Anteil am Aufschwung der neueren Glasmalerei in Deutschland zu; starb 1916 in München.

**143.** Glasgemälde nach Kartons von W. Dürr d.J., 1886

Literatur:

Thieme-Becker 36 (1947), S. 469f.

## Zoll, Franz Joseph

Geb. 1770 in Möhringen/Baden; Schüler an der Münchner Akademie (bei J.J. Dorner und J. Hauber); wurde Hofmaler des Fürsten von Fürstenberg, danach in Karlsruhe tätig; seit dem 14.2.1799 akademischer Bürger der Universität Freiburg; hörte zugleich Ästhetik bei J.G. Jacobi; 1802 Studienreisen nach Paris und Wien; 1812/13 in Rom und Wien; 1821–25 Professor und Zeichenlehrer an der Universität Freiburg i.Br.; ab 1825 Lehrer an der Bauschule Weinbrenners in Karlsruhe; 1831 Ernennung zum Direktor der Mannheimer Gemäldegalerie; 1833 in Mannheim gestorben.

**58.** Porträt Großherzog Karl Friedrich von Baden, 1808

Literatur:

Reden, die bey Aufstellung des Bildnisses Sr. K. H. des Großherzogs in dem Akademischen Saale der hohen Schule zu Freyburg am 27. Jänner 1809 gehalten wurden, Freiburg o.J. – H. Mayer: Die Universität Freiburg in der 1. Hälfte des 19. Jahrhunderts, Bonn 1892–94, S. 2f. – H. Schreiber: Geschichte der Albert-Ludwigs-Universität Freiburg im Breisgau, III, S. 82. – Thieme-Becker 36 (1947). – L. Mühlfahrt: Lexikon Karlsruher Maler. – Quellen: UA, A26/63a: Reden die bey Aufstellung des Bildnisses Sr. K. H. des Großherzogs in dem Akademischen Saale der hohen Schule zu Freyburg / am 27. Jänner 1809 gehalten wurden, gedruckt in der Universitätsbibliothek in Freiburg, S. 15. – Zu weiteren gemalten und lithographischen Fassungen des Werkes: Ausst. Kat. »Baden und Württemberg im Zeitalter Napoleons«, Württembergisches Landesmuseum Stuttgart 1987, Band 1.1, Nr. 293 (Farbabb.). – Ausst. Kat. »Stephanie Napoleon, Großherzogin von Baden, 1789–1860«, Badisches Landesmuseum Karlsruhe 1989, Kat.Nr. 33 (Farbabb.).

**Zwerger, Johann Nepomuk**

Geb. 1796 in Donaueschingen; Studium in Stuttgart bei Dannecker und 1823–25 in Rom bei Thorvaldsen; seit 1827 in Frankfurt/M., 1829–66 Lehrer am dortigen Städelschen Kunstinstitut; zahlreiche Werke in Frankfurt; starb 1868 in Cannstatt.

**69.** Porträtbüste Carl von Rotteck, 1846/47

Literatur:

Rudolf Muhs: Rotteck und sein Denkmal, in: FUB Heft 83, April 1984, S. 49–75. – P. Kalchthaler: Freiburg und seine Bauten, S. 38f. – Thieme-Becker 36 (1947), S. 609.

## Werke unbekannter Künstler (geordnet nach Katalognummern)

1. Aloysius und Stanislaus, zwei Studentenheilige aus der Societas Jesu, 1728

2. Idealansicht von Jesuitenkolleg und Jesuitenkirche, Gemälde, frühes 18. Jh.

3. Heiliger Petrus, Gemälde, Anf. 18. Jh.

5. Grabmal des Johannes Kerer

Literatur:

Adolf Weisbrod: Die Freiburger Sapienz und ihr Stifter Johannes Kerer von Wertheim, Diss. theol. Freiburg 1966 (Beiträge zur Freiburger Wissenschafts- und Universitätsgeschichte, 31). – J. Beckmann/P. Weihnacht: Miniaturen aus dem Statutenbuch des Collegium Sapientiae in Freiburg im Breisgau von 1497 – Gabe zum 50. Geburtstag von Bibliotheksdirektor Joseph Rest, Freiburg 1934. – Johannes Kerer: Statuta Collegii Sapientiae – Satzungen des Collegium Sapientiae zu Freiburg im Breisgau 1497. Facsimile hg. und eingef. von Josef Hermann Beckmann. Lat. Textedition und Übersetzung von Robert Feger, Lindau/Konstanz 1957. – Rudolf Morath: Peter Mayer 1718–1800. Der Universität Freiburg i. Br. Bürger, Kupferstecher und Maler, Freiburg/München 1983, S. 109 und Abb. 259. – P. Kalchthaler: Freiburg und seine Bauten, S. 138ff.

7. Büste Ignatius von Loyola, Anf. 18. Jh.

8. Immaculata conceptio am Jesuiten-Kollegium, Anf. 18. Jh., Sebastian Bloedt (s.d.) zugeschrieben

9. Pfeilerbekrönung im östlichen Treppenhaus der Alten Universität

Literatur:

Die Religion in Geschichte und Gegenwart, 3. Aufl. 1957ff., Bd. V, Tübingen 1961, Sp. 357ff., hier 359 (s.v. Phönix). – P. Kalchthaler: Freiburg und seine Bauten, S. 106.

10. Inschrift am mittleren Portal der alten Universität

Literatur:

F. Schaub: Die Universität Freiburg in ihren Beziehungen zur Freiburger Kunst, S. 79.

11. Korinthisches Kapitell mit Gebälk aus Baalbek

Literatur:

Otto Puchstein: Führer durch die Ruinen von Baalbek, Berlin 1905. – Theodor Wiegand: Baalbek, Ergebnisse der Ausgrabungen und Untersuchungen in den Jahren 1898–1905, 3 Bde, Berlin/Leipzig 1921–1925. – Peter H.F. Jakobs unter Mitarbeit von Peter Imhof: Bauplastik aus Baalbek. Fragmente der archäologischen Sammlung der Universität Freiburg i. Br., in: Archäologischer Anzeiger 1990, S. 413–441, hier S. 427ff.

15. Wappen am Peterhof

Literatur:

Karl Schaefer: Das alte Freiburg. Ein geschichtlicher Führer zu den Kunstdenkmälern der stadt, Freiburg 1895, S. 91ff. – P. Kalchthaler: Freiburg und seine Bauten, S. 94ff.

## 21. Reliefs mit den Patronen der vier Fakultäten

Literatur:
unveröffentlicht. – Zu den Heiligenmotiven in den Freiburger Fakultätssiegeln vgl. R. Blume: Die Zeichen und Siegel der Albert-Ludwigs-Universität. – Friedrich Schaub: Die Siegel der Universität Freiburg/Br. und ihrer Fakultäten, Freiburg 1932. – Clausdieter Schott: Patrone und Siegel der Freiburger Juristenfakultät. Zur Wiederauffindung des alten Fakultätssiegels, in: FUB 2 (Nov. 1962), S. 32–35. – Zu J.C. Helbling vgl. J. Rest: Universitätskapelle, S. 150f.

## 23. Bildnis des Physiologen Johannes von Kries

Literatur:
E. Seidler: Die Medizinische Fakultät, S. 203ff. (Zitat S. 205). – Albrecht Fleckenstein: Physiologie, in: Festschrift zur Eröffnung des zweiten Kollegiengebäudes, S. 54ff. (hier S. 55f.). – Helmut Heinrichs: Vorbemerkung vor § 249 Anm. 5)b)aa), in: Palandt, Bürgerliches Gesetzbuch, 43. Aufl., München 1984.

## 26. Bildnis des Chirurgen Johann Matthias Alexander Ecker (1766–1829), um 1800

Literatur:
E. Seidler: Die Medizinische Fakultät, S. 78–84 und Abb. 30. – Carl Sutter: Die Freiburger Ausstellungen von 1908 und 1909, in: Schau-ins-Land 36 (1909), S. 71ff., hier S. 79 und Abb. S. 86. – F. Späth: Berühmte Wissenschaftler – berühmte Bürger, in: Freiburg und seine Universität, S. 59f.

## 53. Porträt des Hofrats Karl Anton von Martini, Jakob Kohl (s.d.) und Franz Messmer (s.d.) zugeschrieben

Literatur:
F. Schaub: Die Universität Freiburg in ihren Beziehungen zur Freiburger Kunst im 18. Jahrhundert, S. 83–85.

## 60. Porträt Joseph Anton Schinzinger

## 66. »Guter Hirte«

Literatur:
Johannes Kollwitz: Die Statue des Guten Hirten im Seminar für Christliche Archäologie, in: Kunstwerke aus dem Besitz der Albert-Ludwig-Universität, S. 7–12. – Walter Nikolaus Schumacher: Hirt und »Guter Hirt«, Freiburg 1977, bes. S. 99ff. – Nikolaus Himmelmann: Über Hirten-Genre in der antiken Kunst, Opladen 1980, bes. S. 138ff.

## 112. Porträtbüste Ernst Ziegler, 1943

Literatur:
Franz Büchner: Pläne und Fügungen. Lebenserinnerungen eines deutschen Hochschullehrers, München/Berlin 1965, S. 103. – E. Seidler: Die Medizinische Fakultät, S. 206f.

## 132. Universitätsszepter 1466

Literatur:
Günther W. Vorbrodt und Ingeborg Vorbrodt: Die akademischen Szepter und Stäbe in Europa. Vorgelegt von Walter Paatz, Heidelberg 1971 (Heidelberger Akademie der Wissenschaften, Corpus Sceptrorum I,1, S. 71. – Ingeborg Schroth: Die Szepter der Universität, in: Kunstwerke aus dem Besitz der Albert-Ludwig-Universität (1957), S. 43–46. – Walter Paatz: Sceptrum universitatis. Die europäischen Universitätsszepter, Heidelberg 1953 (Heidelberger Kunstgeschichtliche Abhandlungen N.F. 2), S. 98.

## 139. Trauernde, um 1200

Literatur:

Erich Meyer: Eine mittelalterliche Bronzestatuette, in: Kunstwerke aus dem Besitz der Albert-Ludwig-Universität (1957), S. 17–21. – Erwin Panofsky: Renaissance and Renascenes in Western Art, Stockholm 1960, Bd. 1, S. 63 und Anm. 5 (S. 63f.), Bd. 2, fig. 41. – Erwin Panofsky im Vorwort zu: Wilhelm Vöge. Bildhauer des Mittelalters. Gesammelte Studien, Berlin 1958, S. xxv.

## 140. Die vier lateinischen Kirchenlehrer (Seitentafeln des Oberried-Altars), 1554

Literatur:

F.X. Kraus: Universitätskapelle, S. 28f.

## Abgekürzt zitierte Literatur

Allgemeines Künstlerlexikon: Die Bildenden Künstler aller Zeiten und Völker, München/Leipzig 1992ff.

Ausst.-Kat. »buchobjekte«. Ausstellung in der Universitätsbibliothek Freiburg im Breisgau vom 13. Juni bis 10. Juli 1980. Veranstalter: mulatorverein zur förderung zeitgenössischer kunst. Redaktionsgruppe: Jürg Meyer zur Capellen, Annemarie Jaeggi, Daniela Lanzer, Sabine Spingler, Klaus Weber, Freiburg 1980.

Ausst.-Kat. »100 Jahre Stühlinger«. Sonderausstellung zur Geschichte eines Stadtteils. Städtische Galerie Schwarzes Kloster, Freiburg i. Br. 29. Juni bis 28. Juli 1985.

Barran, Fritz R.: Kunst am Bau – heute. Wandbild, Relief und Plastik in der Baukunst der Gegenwart. Einführung von Walter Müller, Stuttgart 1964.

Beringer/Theilmann = Beringer, Josef August: Badische Malerei des 19. Jahrhunderts, Karlsruhe 1913. – Beringer, Josef August: Badische Malerei 1770–1920. 2., im Text überarbeitete und bedeutend erweiterte Aufl., Karlsruhe 1922 (Reprint Karlsruhe 1979 mit Vorwort und biographisch-bibliographischem Anhang von Rudolf Theilmann).

Blume, Rudolf: Die Zeichen und Siegel der Albert-Ludwigs-Universität in Freiburg i.Br. Zur Einweihung des neuen Kollegienhauses am 28. Oktober 1911, in: Schauinsland 39 (1912), S. 1–22.

Denkmäler, Brunnen und Freiplastiken in Karlsruhe 1715–1945, von Gerlinde Brandenburger, Manfred Großkinsky, Gerhard Kabierske, Ursula Merkel, Beatrice Vierneisel unter Mitarbeit von Brigitte Mayer, Michael Ruhland, Susanne Stephan, Karlsruhe 1987.

Festschrift der Universität Freiburg zur Eröffnung des zweiten Kollegiengebäudes, hg. von J. Vincke, Freiburg im Breisgau 1961 (Beiträge zur Freiburger Wissenschafts- und Universitätsgeschichte, 25).
Anhang: Walter Müller/Otto Freese: Die bauliche Entwicklung der Freiburger Universität, S. 1–5. – Otto Ernst Schweizer: Zweites Kollegiengebäude, S. 6–15. – Otto Freese: Peterhof, S. 16*–18*. Otto Freese: Mensa, S. 19*–23*.

Finke, Heinrich: Badische Albert-Ludwigs-Universität Freiburg i.Br., in: Das Akademische Deutschland I, Berlin 1930, S. 127–136.

Freiburg – Kunst im Alltag. Öffentlich zugängliche Kunstobjekte im Stadtbereich Freiburg aufgestellt in den Jahren 1945–1988. Hg. vom Kunstverein Freiburg 1988.

Freiburg im Breisgau. Die Stadt und ihre Bauten. Hg. von dem Badischen Architecten- und Ingenieur-Verein, Freiburg i.Br. 1898.

Freiburg und seine Universität. Festschrift der Stadt Freiburg im Breisgau zur 500-Jahr-Feier der Albert-Ludwigs-Universität, Freiburg 1957.

FUB = Freiburger Universitätsblätter. Hg. im Auftrag des Rektors der Albert-Ludwigs-Universität Freiburg.

Grohmann, Will: Der Staat als Mäzen. Kunst an den Freiburger Universitätsbauten, in: Quadrum 9, Brüssel 1960.

Hirsch, Günther: Die Universität in der Baugeschichte der Stadt Freiburg von der Französischen Revolution bis zum ersten Weltkrieg, in: Freiburg und seine Universität, S. 80–99.

Kalchthaler, Peter: Freiburg und seine Bauten. Ein kunst-historischer Stadtrundgang. Hg. vom Kulturamt der Stadt Freiburg i.Br., Freiburg 1990.

Kunst in der Architektur. 25 Jahre künstlerisches Schaffen im Staatlichen Hochbau in Baden-Württemberg. Hg. vom Finanzministerium Baden-Württemberg, Stuttgart 1979.

Kunstwerke aus dem Besitz der Albert-Ludwig-Universität Freiburg im Breisgau 1457–1957, hg. von Kurt Bauch, Berlin/Freiburg 1957.

Künstlerverzeichnis Baden-Württemberg. Hg. Künstlerbund Baden-Württemberg, Landesverband Bildender Künstler Baden-Württemberg, Umkirch/Freiburg 1982.

Kraus, Franz Xaver: Die Universitätskapelle im Freiburger Münster. Programm wodurch zur Feier des Geburtsfestes seiner königlichen Hoheit unseres durchlauchtigsten Großherzogs Friedrich im Namen des Senates die Angehörigen der Albert-Ludwigs-Universität einladet, Freiburg i.Br. 1890.

Mühlfarth, Leo: Kleines Lexikon Karlsruher Maler, Karlsruhe 1980.

Mertens, Veronika: Bilder, Bücher und Steine. Kunstwerke in der Universitätsbibliothek, in: Tradition – Organisation – Innovation. 25 Jahre Bibliotheksarbeit in Freiburg. Wolfgang Kehr zum 60. Geburtstag. Vorgelegt von

Mitarbeitern der Universitätsbibliothek und anderer wissenschaftlicher Bibliotheken in Freiburg i.Br., hg. von Albert Raffelt, Freiburg 1991 (Bibliothekssystem der Albert-Ludwigs-Universität Freiburg im Breisgau, Informationen, Sonderheft 1), Bd. 2, S. 242–283.

Dies.: Von der Suche einer alten Universität nach einer zeitgenössischen Selbstdarstellung. Die künstlerische Ausstattung des neuen Kollegiengebäudes von 1911, in: FUB 122, Dezember 1993, S. 125–148.

Neue Architektur in Freiburg. 101 Bauten nach 1945, zusammengestellt von Klaus Humpert, Hans-Jörg Oehm, Manfred Saß unter Mitwirkung von Bruno Krupp (Fotos) und Ursula Saß (Redaktion), Freiburg i.Br. 1986.

Rees, Martina: Kunst im öffentlichen Raum, in: Ausst.-Kat. »Die Kunst der frühen Jahre. Freiburg 1945–60.« Städtische Museen Freiburg, Museum für Neue Kunst, 5. September bis 18. Oktober 1992, S. 139–148.

Rest, Josef: Die Universitätskapelle im Freiburger Münster, in: Aufsätze zur Freiburger Wissenschafts- und Universitätsgeschichte von Clemens Bauer, Felix Eckstein, Bernhard Meier, E.Th. Nauck und Josef Rest, Freiburg 1960, S. 113–168 (Beiträge zur Freiburger Wissenschafts- und Universitätsgeschichte, 22).

Rösiger, Hans-Detlef: Der Wiederaufbau seit 1945. – Zur 500-Jahr-Feier der Universität 1957, Freiburg 1957.

Schaub, Friedrich: Die Universität Freiburg in ihren Beziehungen zur Freiburger Kunst im 18. Jahrhundert, in: Zeitschrift für Beförderung der Geschichts-, Altertums- und Volkskunde von Freiburg 37 (1923), S. 63–90.

Schreiber, Heinrich: Geschichte der Albert-Ludwigs-Universität zu Freiburg im Breisgau, 3 Bde, Freiburg 1857–1860.

Seidler, Eduard: Die Medizinische Fakultät der Albert-Ludwigs-Universität Freiburg im Breisgau. Grundlagen und Entwicklungen, Berlin/Heidelberg/New York 1991.

Thieme-Becker = Ulrich Thieme/Felix Becker: Allgemeines Lexikon der bildenden Künstler von der Antike bis zur Gegenwart, Bd. 1–37, Leipzig 1907–1950.

Thomas, Karin/Gerd de Vries: DuMont's Künstler-Lexikon von 1945 bis zur Gegenwart, Köln 1977 (DuMont Taschenbücher, 54).

Universität und Stadt = Freiburg im Breisgau – Universität und Stadt, hg. von Hugo Ott und Hans Schadek unter Mitarbeit von Rudi Allgeier, Gerhard Everke, Philipp Fehrenbach, Thomas Herzig, Werner Köhler, Peter Merz, Martina Reiling, Gitta Reinhardt-Fehrenbach, Hermann Schäfer und Helmut Schyle, Freiburg i.Br. 1982.

Vollmer – Allgemeines Lexikon der bildenden Künstler des XX. Jahrhunderts, 6 Bde, Leipzig 1953–1962.

ZFG = Zeitschrift der Gesellschaft für Beförderung der Geschichts-, Altertums- und Volkskunde von Freiburg, dem Breisgau und den angrenzenden Landschaften, Freiburg 1867 –; ab Jg. 41 (1928) Zeitschrift des Freiburger Geschichtsvereins.

Zimmermann, Beate Martha: Mittelalterliche Tradition im baulichen Erscheinungsbild der Universität Freiburg. Wissenschaftliche Arbeit für die wissenschaftliche Prüfung für das Lehramt am Gymnasium, Freiburg 1990 (masch. Ms.).

*Joseph Marcus Hermann: Erzherzog Albrecht VI. und seine Gemahlin Mechthild (vgl. Nr. 35 und 36)*

*Gustav Dittenberger: Großherzog Ludwig von Baden (vgl. Nr. 37)*

*Theodor Werner: Tafelbild (vgl. Nr. 76)*

*Peter Dreher: Selbstporträts (vgl. Nr. 84)*

*Fritz Winter: Die Herbstfelder (vgl. Nr. 92)*

*Hans Adolf Bühler: Skizze zum Prometheus (vgl. Nr. 51)*

*Hans-Günther van Look:*
*Großer Lichthorizont IV (vgl. Nr. 25)*

*Ernst Wilhelm Nay: Das Freiburger Bild (vgl. Nr. 95)*

*Bert Jäger: Jive – Samba (vgl. Nr. 123)*

*Max Ackermann:*
*An die Freude*
*(vgl. Nr. 126)*

## dnachweis

Der Nachweis verzeichnet die Katalognummern der abgebildeten Werke. Bei Textabbildungen sind die Seitenzahlen angegeben.

Niels P. Carstensen: Nr. 98.
H. Hartwig: Nr. 15a, 15d.
FUB 87/88 (Juli 1985), S. 27: Nr. 105.
Wolf Hart: Die künstlerische Ausstattung des Freiburger Münsters, Freiburg 1981, Abb. 61: Nr. 140.
Ingeborg Krummer-Schroth: Glasmalereien aus dem Freiburger Münster, Freiburg 1978, S. 102: Nr. 141, 142.
Kunstwerke aus dem Besitz der Albert-Ludwig-Universität Freiburg im Breisgau 1457–1957, hg. von K. Bauch, Berlin/Freiburg 1957, S. 61f.: Nr. 134–137.
Reinhold Mayer, Ulm: Nr. 50 und 51.
Museum für Stadtgeschichte Freiburg, Archiv: Nr. 16 (P. Kalchthaler); S. 13 (Pragher), S. 15 (M. Heß).
Moderne Bauformen XI (1912), Heft 8, S. 380: S. 71.
Museum für Neue Kunst, Freiburg: S. 26.
Rudolph Morath: Peter Mayer 1718–1800, Freiburg/München 1983, S. 448: Nr. 34.
Unbekannter Fotograf: Nr. 2, 111.
Uni-Pressestelle, Archiv: Nr. 6, 20, 70, 85a/b, 132, 133, 139; S. 33.
Universität Freiburg, Archäologisches Institut: S. 96.
Universität Freiburg (W. Gut / M. Keller): Nr. 3, 5, 11, 13, 14, 22, 24, 38, 41–45, 48, 49, 69, 71, 73, 76, 78, 81, 82, 84, 92, 95, 99, 108, 112, 113, 119, 123, 124, 129, 130; S. 51.
Universität Freiburg, Kunstinventar (V. Mertens / N.P. Carstensen): Nr. 35–37, 53–59.
Universität Freiburg, Kunstinventar (V. Mertens): Nr. 2, 21a–d, 23, 25–33, 47, 60–64, 66, 67, 72, 86–88, 91B2, 91B9, 91B18, 91B23, 100–104, 106, 107, 109, 110, 126, 127, 138.
Universitätsbauamt Freiburg: Nr. 39, 65; S. 47.
Universitätsbauamt Freiburg (B. Krupp): Nr. 12, 17, 19, 93, 94, 97, 117, 120, 121, 125.
Universitätsbauamt Freiburg (E. Regula): Nr. 77, 122.
Universitätsbauamt Freiburg (Toni Schneiders): Nr. 83, 118.
Universitätsbauamt Freiburg (Foto Pillat): Nr. 4, 96, 115.
Universitätsbauamt Freiburg (M. Rothe): Nr. 131.
Universitätsbauamt Freiburg (F. Schlapper): Nr. 116.
Hans Peter Wernet: Nr. 75.

## Eigentumsnachweis

Die Übersicht erschließt zum einen Werke in Univ… Eigentum der Universität, sondern der Stadt Freibu… Regierungspräsidiums Südbaden (RPS) sind. Zum anderen k… sie diejenigen Werke, die – betreut vom Universitätsbauamt (UBA) Fr… – im Rahmen von Neu-, Um- und Erweiterungsbauten über Mittel des Landes Baden-Württemberg (»Kunst am Bau«) für die Universität beschafft wurden.

| | |
|---|---|
| 4. | UBA |
| 12. | UBA |
| 13. | UBA |
| 14. | UBA |
| 17. | UBA |
| 18. | UBA |
| 19. | UBA |
| 24. | UBA |
| 25. | UBA |
| 27. | UBA |
| 28. | UBA |
| 29. | UBA |
| 30. | UBA |
| 31. | UBA |
| 32. | UBA |
| 65. | UBA |
| 68. | UBA |
| 70. | UBA |
| 71. | UBA |
| 72. | UBA |
| 73. | UBA |
| 74. | UBA |
| 75. | UBA |
| 76. | UBA |
| 77. | UBA |
| 78. | UBA |
| 79. | UBA |
| 80. | UBA |
| 81. | UBA |
| 82. | UBA |
| 83. | UBA |
| 84. | UBA |
| 85. | UBA |
| 86. | UBA |
| 87. | UBA |
| 88. | UBA |
| 89. | UBA |
| 90. | FR |
| 91. B1 | UBA |
| 91. B2 | UBA |
| 91. B3 | UBA |
| 91. B4 | UBA |
| 91. B5 | UBA |
| 91. B6 | UBA |
| 91. B7 | UBA |
| 91. B8 | UBA |
| 91. B9 | UBA |
| 91. B10 | UBA |
| 91. B11 | RPS |
| 91. B12 | RPS |
| 91. B13 | UBA |
| 91. B14 | UBA |
| 91. B15 | UBA |
| 91. B16 | UBA |
| 91. B17 | UBA |
| 91. B18 | UBA |
| 91. B19 | UBA |
| 91. B20 | UBA |
| 91. B21 | RPS |
| 91. B22 | UBA |
| 91. B23 | RPS |
| 91. B24 | RPS |
| 91. B25 | RPS |
| 92. | UBA |
| 93. | UBA |
| 94. | UBA |
| 95. | UBA |
| 96. | UBA |
| 97. | UBA |
| 98. | UBA |
| 99. | UBA |
| 100. | UBA |
| 101. | UBA |
| 102. | UBA |
| 103. | UBA |
| 104. | UBA |
| 105. | UBA |
| 115. | UBA |
| 116 | UBA |
| 117. | UBA |
| 118. | UBA |
| 120. | UBA |
| 121. | UBA |
| 122. | UBA |
| 123. | UBA |
| 124. | UBA |
| 125. | UBA |
| 126. | UBA |
| 127. | UBA |
| 128. | UBA |
| 131. | UBA |